学语文思辨性阅读问题设计与指导

刘荣华 著

上海教育出版社
SHANGHAI EDUCATIONAL
PUBLISHING HOUSE

图书在版编目（CIP）数据

小学语文思辨性阅读问题设计与指导 / 刘荣华著. —
上海：上海教育出版社，2022.8（2023.8重印）
　ISBN 978-7-5720-1634-9

　Ⅰ.①小… Ⅱ.①刘… Ⅲ.①阅读课－教学研究－小
学 Ⅳ.①G623.232

　中国版本图书馆CIP数据核字(2022)第150358号

责任编辑　杨文华　方　晨
封面设计　陈　芸

小学语文思辨性阅读问题设计与指导
刘荣华　著

出版发行　上海教育出版社有限公司
官　　网　www.seph.com.cn
地　　址　上海市闵行区号景路159弄C座
邮　　编　201101
印　　刷　上海展强印刷有限公司
开　　本　700×1000　1/16　印张 13
字　　数　168 千字
版　　次　2022年8月第1版
印　　次　2023年8月第3次印刷
书　　号　ISBN 978-7-5720-1634-9/G·1510
定　　价　55.00 元

如发现质量问题，读者可向本社调换　电话：021-64373213

自 序

　　光阴似箭，日月如梭。1984 年，我从杭州师范学校毕业走上讲台，转眼已近 40 年。近 40 个春秋，我一直潜心于小学语文教学研究，关注学生思维能力培养，把"做会提问的教师，教会思考的学生"当作研究重点。

　　刚到杭州市学军小学工作时，在著名特级教师杨一青老师指导下，我开始关注语文教学中学生思维能力培养问题。阅读教学中，主要是精心设计课堂提问，引导学生抓住课文关键词句展开想象。1986 年上公开课，执教三年级课文《海底世界》，我请同学们抓住课文中"有些贝类自己不动，却能巴在轮船底下做免费的长途旅行"这句话，一边读一边想象：如果自己是贝类，巴在轮船底下做免费长途旅行时会看到什么？听到什么？学生有的结合课文中描写的海底世界的情景展开想象，有的结合课外书中看到的资料展开想象，阅读、想象、表达融为一体，培养了学生形象思维能力。作文教学中，主要是指导学生写观察作文，引导学生观察校园里的柳树、桂花等植物，观察学校文艺表演、体育比赛等活动，在有序观察中培养思维的条理性，在多感官观察中培养思维的广阔性，在细致观察中培养思维的深刻性，努力提升学生思维品质。通过实践探索，我加深了对"语言是思维的工具，思维是语言的内容，两者相互依存和相互促进"的认识。

　　20 世纪 90 年代，我调到杭州市文一街小学。学校是中央教科所"3·3·3"全面开发人脑功能实验基地，我有幸参加了课题研究。该课题研究的核心思想是通过学生手、眼、脑等器官的协调训练，培养学生注意、记忆、观察、思维等能力，特别注重学生的学习反思。课题研究过程中，我学习了美国学者杜威反思性思维的教学理论，并在语文教学中尝试运用。1997 年上公开课，执教六年级《我的伯父鲁迅先生》，在学生梳理课文内容的基础上，围绕"为什么伯父会得到这么多人爱戴"主问题，学习"谈《水浒传》"事例后我引导学生进行反思，小结学习方法——"圈画描写言行的语句→联系上下文进行品读→概括人物的形象特点"，再让学生运用方法自学"谈碰壁""救助车夫"等事例，在自主阅读能力训练中培养反思性思维的意识和能力。通过实践思考，我总结提炼出"学习→反思→迁移"反思性教学基本路径，撰写的《小学语文反思性教学的实践研究》等论文在西湖区、杭州市小学语文教学论文评比中获奖。

　　2001 年，教育部颁布了《全日制义务教育语文课程标准（实验稿）》，提出"语文课程丰富的人文内涵对学生精神世界的影响是深广的，学生对语文材料的反应又往往是多元的。因此，应该重视语文的熏陶感染作用，注意教学内容的价值取向，同时也要尊重学生在学习过程中的独特体验"等许多新理念。为了落实课标教学理念，我参加了杭州市《小学语文开放性教学实践研究》等课题研究，在课堂教学中积极引导学生开展自主、合作、探究学习，鼓励学生多元解读，培养发散思维等能力。2004 年上公开课，执教《望庐山瀑布》，在理解古诗大意的基础上，我引导学生把李白的《望庐山瀑布》、徐凝的《庐山瀑布》放在一起，比较这两首古诗有哪些相同点和不同点。学生发现，这两首古诗都采用了夸张、比喻的方法赞美庐山瀑布的壮丽景色，李白的诗注重想象，徐凝的诗注重写实等，发展了学生思维能力。我撰写的《小学作文开放性教学研究》《小学群文阅读的教学价值、课型及策略》等论文，陆续在浙江省小学语文教学论文评比中获奖，在小学语文专业杂志上发表。

　　教育部颁布的《普通高中语文课程标准（2017 年版）》提出了"以核心素养为本，推进语文课程深层次的改革"教学理念，指出"语文学科核心素养主要包括'语言建构与运用''思维发展与提升''审美鉴赏与创造''文化传承与理解'四个方面"，设置了"思辨性阅读与表达"学习任务群，对小学语文教学有重要启示。以此为指导，我以我国古代"博学之，审问之，慎思之，明辨之，笃行之"教学思想为基础，借鉴美国学者安德森等修订的《布卢姆教育目标分类学》中的认知过程六层次学说,开展了《小学阅读教学培养学生高阶思维的策略研究》《小学语文教学培养学生思辨能力的实践研究》等省级立项课题研究,在《小学语文教师》等刊物发表了《在统编语文教材比较阅读教学中培养学生高阶思维》《质疑 反思 批判——基于统编语文教材的学生思辨能力培养策略》等多篇论文,对语文教学中培养学生思维能力的理解认识愈加深刻。

教育部颁布的《义务教育语文课程标准(2022年版)》提出"立足学生核心素养发展,充分发挥语文课程育人功能",强调"义务教育语文课程培养的核心素养,是学生在积极的语文实践活动中积累、建构并在真实的语言运用情境中表现出来的,是文化自信和语言运用、思维能力、审美创造的综合体现",把"乐于探索,勤于思考,初步掌握比较、分析、概括、推理等思维方法,辩证地思考问题,有理有据、负责任地表达自己的观点,养成实事求是、崇尚真知的态度"列为总目标,把"思辨性阅读与表达"列为六大学习任务群之一。新课标的颁布,让我进一步增强了小学语文教学中培养学生思辨能力的研究的信心,明确了研究方向。

问题是学习的动力,是思维的起点。教学的重要目的之一就是引导学生学会提出问题、思考问题、解决问题。提问是一种古老的教学方法,现代课堂教学中仍然经常使用。在当前重视培养学生核心素养的背景下,思辨能力是核心素养的重要元素,思辨性问题是培养学生思辨能力的重要手段。思辨性阅读问题的设计、解答与评价是开展思辨性阅读、培养思辨能力的关键。为了深入开展思辨性阅读教学研究,我从思辨性阅读问题教学入手,对这些年来自己的有关研究进行总结提炼,写成了这本书。

本书共分七章。第一章从提问教学、思辨性教学、思辨性阅读等角度,分析小学思辨性阅读问题教学内涵;第二章从阅读能力发展、思维品质提升、独立人格培养等角度,探讨小学思辨性阅读问题教学价值;第三章从教材练习系统、教师文本解读和学生阅读发展等角度,阐述小学思辨性阅读问题教学设计路径;第四章从阅读教学过程展开、阅读教学方法选择和阅读教学空间拓展等角度,介绍小学思辨性阅读问题教学策略;第五章从叙事文、古诗文和说明文等角度,汇集分析小学思辨性阅读问题教学课例;第六章从阅读思辨与语言学习、思维发展、审美体验、文化理解等角度,进行小学思辨性阅读问题教学反思;第七章从阅读测试材料选择、阅读测试试题编制、阅读测试标准拟定等角度,讨论小学思辨性阅读能力教学测评。其中第五章汇集了我担任杭州市小学语文教研员期间,与各区、县(市)小学语文教研员、骨干教师一起打磨的十节精品课,都是参加中国教育学会小学语文教学专业委员会、人民教育出版社课程教材研究所、浙江省教育厅教研室等部门组织的课堂教学观摩活动的获奖课例,不仅有思辨性阅读问题教学评析,还有整体设计的点评,充分体现了十几年来杭州市小学语文教学研究成果,展示了杭州市小学语文"守正出新、精致大气、扎实灵动"的课堂教学特色。同时,后面还附有"小学语文思辨性阅读问题集萃",从年级、文本等角度精选了 60 个思辨性问题,供大家研讨参考。

在小学语文思辨性阅读问题教学探索中,本人得到了许多专家、同行的指导与帮助。衷心感谢浙江省教育厅教研室及杭州市各区、县(市)小学语文教研员的大力支持! 衷心感谢杭州市基础教育研究室附属学校、杭州市星洲小学、杭州绿城育华小学等学校语文教师的积极参与! 衷心感谢蒋军晶、陆虹等杭州市小学语文名师、骨干教师的共同研究! 衷心感谢上海教育出版社杨文华、方晨等编辑的辛勤付出!

学无止境,教无止境,教研亦无止境。思辨性阅读是一个全新的概念,小学语文思辨性阅读教学研究大幕才刚刚拉开。本人水平有限,还有许多问题有待进一步研究探索,书中许多观点、做法也需要进一步验证。敬请各位读者批评指正。

刘荣华
2022 年 4 月于杭州

目　录

第一章
思辨性阅读问题教学内涵

　　提问是一种古老的教学方法,现代课堂教学中教师仍然经常使用,而且是非常重要的教学方法之一。高质量的提问,能激发学生学习兴趣,促进学生思维发展,提高课堂教学效率。思辨是一种重要的思维方式,思辨能力是学生核心素养的重要元素。思辨性问题是培养学生思辨能力的突破口,也是打开思辨性阅读教学大门的金钥匙。

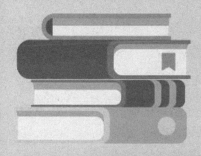

第一节　课堂教学中提问的意义与类型

一、课堂教学提问的意义

现代心理学研究表明，好奇是人类行为的基本动因之一。提问是人类与生俱来的一种本能，是人类学习和进步的源泉。世界杰出的科学家爱因斯坦说过："提出一个问题往往比解决一个问题更重要，因为解决一个问题也许仅仅是一个数学上或实验上的技能而已，而提出新的问题却需要创新性的想象力，而且标志着科学的真正进步。"我国著名教育家陶行知先生也说过："发明千千万，起点是一问。禽兽不如人，过在不会问。智者问得巧，愚者问得笨。人力胜天工，只在每事问。"人类社会发展进步的历史，是人类不断创新的历史，也是人类不断提问的历史。

提问是课堂教学的重要方法，从我国春秋末期教育家、思想家孔子的"生问师答"、古希腊哲学家苏格拉底的"师问生答"起，至今已有两千多年历史。20 世纪六七十年代，苏联马丘什金、马赫穆托夫等教学论专家提出了系统化的问题教学理论，认为教学的关键在于创设问题情境，总结出让学生直接面临要进行理论解释的现象或事实，引导学生在完成实践性作业时产生问题等创设问题情境的具体方法。高质量的课堂提问是沟通师生情感、推进教学进程、达成教学目标的重要手段，是教师教学经验与教学智慧的综合体现。

1. 高质量提问能激发学生兴趣。学习不是一个简单的认知活动，而是认知与情感的协同活动。兴趣是对事物喜好或关切的情绪，学习兴趣是推动学生学习的内驱力。学习兴趣不仅使学生渴望获得知识，而且使学生在学习过程中获得愉快的情绪体验，激发进一步学习的愿望。好奇心和求知欲是人的天性,没有丝毫兴趣的强制性学习会扼杀学生探求真知的欲望。苏霍姆林斯基曾经说过,要让学生面临问题,因为问题能唤起强烈的求知欲。高质量的课堂提问能够激发学生的求知欲和创造潜能,调动学生学习的积极性、主动性,激励学生克服学习中遇到的困难,在解决问题的过程中探求真知,实现自我成长。

2. 高质量提问能激活学生思维。无论是学生的学习,还是人类的发明创造,都离不开大脑的思维活动。思维是对新输入信息与脑内储存知识经验进行一系列复杂加工的心智操作过程。学生的头脑不是一个等待填充的容器,而是一个需要被点燃的火把。教师的责任就是点燃学生思维的火把,问题是点燃思维火把的导火索。高质量的课堂提问能引导学生积极开展分析、综合、推理、批判等思维活动,推动学生主动探索问题,激活学生大脑中原有的认知结构,通过同化或顺应等方式将新知识和原有认知结构进行融合,形成新的认知结构。

3. 高质量提问能提高教学效率。课堂教学是一个由教学目标、教学内容、教学方法等多种要素构成的有机整体,有效的教学始于准确地知道希望达成什么目标。高质量的课堂提问是教学目标的具体转化、教学内容的精心提炼、教学过程的实施主线,它基于学生“现有水平”,着眼学生“可能发展的水平”,指向学生“最近发展区”,激励学生“跳一跳摘到桃子”,是提高课堂教学质量的重要保证。

阅读教学中,教师要高度重视提问的设计,提出高质量的问题,让学生在探索问题的实践活动中学习语言文字运用,培养语感,发展思维,养成良好的学习习惯,提高听说读写能力,受到情感熏陶,享受审美乐趣。

二、课堂教学提问的类型

课堂提问可以分成不同的类型,不同类型的提问有不同的教学功能。比如,从提问主体的角度,课堂提问可以分为教师提问、学生提问;从提问设计时间的角度,课堂提问可以分为预设性提问、生成性提问;从提问回答空间的角度,课堂提问可以分为封闭性提问、开放性提问;从提问指向范围的角度,课堂提问可以分为整体性提问、局部性提问等。

美国教育家安德森等学者根据 21 世纪社会发展需求,在布卢姆认知领域目标分类的基础上,将认知过程从低级到高级、由简单到复杂划分为记忆、理解、应用、分析、评价、创造六个层次。人们通常把较低认知层次的记忆、理解、应用称为低阶思维,把较高认知层次的分析、评价、创造称为高阶思维。[①] 依据安德森认知过程六个层次理论,从思维水平的角度,课堂提问又可以分为记忆性提问、理解性提问、应用性提问、分析性提问、评价性提问、创造性提问。

1. 记忆性提问:主要是针对学生对已学知识的回忆情况提出问题。比如,哪位同学能把这首古诗背下来? 这首古诗的作者是谁,他还写过哪些诗? 这类问题常常比较简单,答案也是唯一的,不需要学生深入思考。

2. 理解性提问:主要是针对学生对所学知识的理解程度提出问题。比如,这个词或这句话在文章中是什么意思? 这篇文章主要讲了一个什么故事? 这段话作者用了什么说明方法? 这类问题往往要求学生在提取信息的基础上,对文本进行解释或概括,有思维加工的过程。

3. 应用性提问:主要是针对学生对所学知识的运用水平提出问题。比如,你能仿照文章中的句式写一句话吗? 你能用串联起因、经过、结果等要素的方法概括文章主要内容吗? 这类提问要求学生将已学知识进行迁移运用,达到由理解到会用的目的。

4. 分析性提问:主要是引导学生分析事物中、过程中包含哪些要素,找出条件与结果、整体与部分等关系而提出问题。比如,文章为什么要重点写这部分内容? 文章的主人公为什么要这样做? 这类提问需要学生分

---

① 林勤.思维的跃迁:高阶思维能力的培养及教学方式[M].上海:华东师范大学出版社,2016:3.

析文章中诸要素,发现诸要素之间的关系,进行较高层次的思维活动。

5.评价性提问:主要是引导学生对所学内容是非优劣、价值大小等进行比较分析、判别评价而提出问题。比如,你同意文章中作者的观点吗?你喜欢文章中哪一个人物?文章这样写好在哪里?这类提问主要是让学生运用所学知识对文本内容和形式进行评判,发表自己的看法。

6.创造性提问:主要是引导学生在所学内容基础上产生新想法而提出问题。比如,如果你遇到文章中所写的困难,会用什么方法来解决?如果让你来写这篇文章,结尾会怎样写?这类提问意在培养学生发散、求异等思维能力,提升学生灵活性、独创性等思维品质。

从以学生为本的教学理念出发,教师要积极鼓励学生提问,关注课堂教学中生成性问题。教育的重要目的之一就是让学生不断提出问题、思考问题。为了更好地发展学生的思维,教师要多提开放性问题、整体性问题及分析性问题、评价性问题、创造性问题。低层次问题虽然也能提高学生学习参与度,培养学生仔细阅读的习惯和基本的阅读能力,但容易让学生产生思维惰性;高层次问题能引发学生认知冲突,激发学生思维碰撞,但也不宜过难,让学生产生畏难情绪,挫伤学生学习积极性反而会适得其反。总之,教师要依据教学目标、教学内容和学生学习水平,有目的地设计不同类型、不同思维层次的问题,让每个学生都能得到充分而全面的发展。

第二节　国内外思辨性教学的历史发展

一、国内思辨性教学的历史发展

　我国古代教育中没有独立设置的语文课程,语文教学是与历史、哲学、伦理学等融为一体的。我国传统文化中蕴含着丰富的教育智慧,其中"学问思辨行"是中国原创的具有本土特色的教学思想。思辨性教学的历史发展,就具体体现在"学问思辨行"的认识演进过程中。

1."学问思辨行"教学思想的初步形成

我国古代修身和治学非常重视学习、提问、思考、辨析、笃行。比如,《论语·为政》中就有"学而不思则罔,思而不学则殆",《论语·公冶长》中有"三思而后行",《论语·颜渊》中有"子张问崇德、辨惑",《周易·乾·文言》也有"君子学以聚之,问以辨之,宽以居之,仁以行之"等记载。

"思辨"一词最早出自《中庸》:

博学之,审问之,慎思之,明辨之,笃行之。有弗学,学之弗能弗措也;有弗问,问之弗知弗措也;有弗思,思之弗得弗措也;有弗辨,辨之弗明弗措也;有弗行,行之弗笃弗措也;人一能之己百之,人十能之己千之。果能此道矣,虽愚必明,虽柔必强。

按照《中庸》原意,这段话是说人只要具有"至诚"的道德追求,通过学、问、思、辨、行五个方面的修身,就可以成为"君子"。其实,这段话也揭示了知识学习的客观规律,首次系统地提出"博学""审问""慎思""明辨""笃行"学习过程五个阶段的理论,并对每个阶段提出了具体要求:既然要学习,没有学到通达晓畅就不能停止;既然要请教,没有彻底明白就不能停止;既然要思考,没有思考出一番道理就不能停止;既然要辨别,没有辨别清楚明确就不能停止;既然要做,没有做出成效就不能停止。"博学""审问""慎思""明辨""笃行"五个阶段,反映了人们从知到行的学习过程,体现了古圣先贤的智慧,也是我国思辨性教学思想的起源。

2."学问思辨行"教学思想的认识深化

宋代著名哲学家、文学家、教育家朱熹在《中庸或问》中写道:

学之博,然后有以备事物之理,故能参伍之以得所疑而有问;问之审,

7

然后有以尽师友之情，故能反复之以发其端而可思；思之慎，则精而不杂，故能有所自得而可以施其辨；辨之明，则断而不差，故能无所疑惑而可以见于行；行之笃，则凡所学问思辨而得之者，又皆必践其实而不为空言矣。此五者之序也。

朱熹这段话意思是说：学习得广博，就可以获得世间万物的道理，并能在分析比较后产生疑惑、提出问题；询问得详细，就可以增进与老师和朋友之间的情谊，并能在反复询问中阐明困惑、加以思考；思考得谨慎，就可以精进而不杂乱，并能在自我感悟的基础上进行分辨；分辨得清楚，就可以不出差错，将道理和思考体现在行动中；行动得踏实，就可以将学习、询问、思考、分辨所得落于实处而不停留在空洞的理论上。朱熹把"博学之，审问之，慎思之，明辨之，笃行之"作为《白鹿洞书院学规》的"为学之序"，主张"先知而后行"，认为"博学"是学习的基础，"笃行"是学习的目的，"审问""慎思"和"明辨"是学习的关键，没有缜密深入的思考，学得再多也会浮光掠影，行动也会缺乏扎实的根基。朱熹进一步阐明了学、问、思、辨、行之间的内在联系，使"学问思辨行"思想更有系统性、序列性，更有认识论、教学论的价值。

明代杰出的思想家、文学家、教育家王阳明在《答顾东桥书》中写道：

盖学之不能以无疑，则有问，问即学也，即行也。又不能无疑，则有思，思即学也，即行也。又不能无疑，则有辨，辨即学也，即行也。辨既明矣，思既慎矣，问既审矣，学既能矣，又从而不息其功焉，斯之谓笃行。非谓学问思辨之后而始措之于行也。

王阳明认为：学习的过程不可能没有疑惑，这就需要提问，提问就是学习和行动的表现；问了之后可能还有疑惑，这就需要思考，思考就是学习和行动的表现；思考了可能还有疑惑，这就需要辨析，辨析就是学习和行动的表现；辨析明白了，思考缜密了，疑惑消失了，学问存储于心了，还需要持续不断地用功，这就是笃行；并不是说学、问、思、辨之后，才开始行动。王阳明对"学问思辨行"的思想发表了独特见解，积极主张"知行合一"，将"行"融于"学、问、思、辨"之中，对我们的学习、工作和生活仍然具有十分重要的指导作用。

明末清初大思想家王夫之以孔子、朱熹的理论为基础，提出了更为深刻而精辟的见解。他在《读四书大全说》中写道：

学之弗能，则急须辨；问之弗知，则急须思；思之弗得，则又须学；辨之弗明，仍须问；行之弗笃，则当更以学问思辨养其力；而方学问思辨之时，遇着当行，便一力急于行去，不可曰吾学问思辨之不至而俟之异日。

王夫之认为：学习了没有通达，就迫切需要分辨；请教了没有理解，就迫切需要思考；思考了没有收获，就需要继续学习；辨别了没有分辨清楚，仍然需要请教；实践了不够坚定踏实，就应该再用学习、请教、思考和辨别来培养自己的能力；在学习、请教、思考和辨别的时候，遇到应该行动的时候，就要赶紧尽全力去行动，不可以说我的学习、请教、思考、辨别还没有到位，等到其他时候再来做。他积极主张行先知后，知行并进，"学"和"问"是以闻、见为主体的感性学习阶段，"思"和"辨"是以思维为核心的理性学习阶段，"行"是以践履为内涵的实践学习阶段，这三个阶段是互为条件、互相依赖、互相促进的统一的过程。

3. "学问思辨行"教学思想的当代发展

1924年，伟大的民主革命先驱孙中山先生创办国立广东大学（现中山大学），亲笔题写"博学、审问、慎思、明辨、笃行"作为校训，在"博学"上积极倡导学生要广泛吸收古今中外文化知识，在"审问、慎思、明辨"上积极倡导学会独立思考，在"笃行"上积极倡导参加社会实践。这一校训沿用至今。除此之外，还有许多大学与中小学也将"学问思辨行"作为校训内容，并结合自己学校的办学思想和理念做出新的诠释。

20世纪80年代末，国外的批判性思维开始传入我国，引起学者的广泛关注。教育部颁布的《义务教育语文课程标准（2011年版）》，在"学段教学目标"中明确提出"能对课文中不理解的地方提出疑问""在交流和讨论中,敢于提出看法,作出自己的判断"等要求,在"阅读教学建议"中提出"在理解课文的基础上,提倡多角度、有创意的阅读,利用阅读期待、阅读反思和批判等环节"等建议,渗透着国外批判性思维的理念,也是对我国"学问思辨行"宝贵思想的继承发展。

2016 年,我国颁布了《中国学生发展核心素养》,把"科学精神"列为六大核心素养之一,在"批判质疑"中提出"具有问题意识;能独立思考、独立判断;思维缜密,能多角度、辩证地分析问题,做出选择和决定等"一系列要求,明确指出要培养学生批判性思维,发展学生理性思维。

2017 年,教育部颁布了《普通高中语文课程标准(2017 年版)》,把"思辨性阅读与表达"列为七个必修任务群之一,与"整本书阅读与研讨""当代文化参与""跨媒介阅读与交流""语言积累、梳理与探究""文学阅读与写作""实用性阅读与交流"并列,在必修课程 8 个学分中占比高达18.75%,仅次于"文学阅读与写作"任务群。"思辨性阅读与表达"则要求阅读古今中外论说名篇,把握作者的观点、态度和语言特点,理解作者阐述观点的方法和逻辑;阅读近期重要的时事评论,学习作者评说国内外大事或社会热点问题的立场、观点、方法;在阅读各类文本时,分析质疑,多元解读,培养思辨能力。

2022 年,教育部颁布了《义务教育语文课程标准(2022 年版)》,也把"思辨性阅读与表达"列为六大学习任务群之一,提出"在语文实践活动中,通过阅读、比较、推断、质疑、讨论等方式,梳理观点、事实与材料及其关系;辨析态度与立场,辨别是非、善恶、美丑,保持好奇心和求知欲,养成勤学好问的习惯;负责任、有中心、有条理、重证据地表达,培养理性思维和理性精神"等要求。思辨性教学已经成为我国中小学语文教学的重要内容。

"学问思辨行"教学思想是中国本土教学实践的经验总结与理论概

括,具有强大的生命力。思辨是"学问思辨行"教学思想的重要内容,需要在现代教学改革中继承并发扬光大,这对弘扬传统文化、增强文化自信、推进课程改革具有重大意义。

二、国外思辨性教学的历史发展

王国维先生曾经说过:"西洋人之特质,思辨的也,科学的也,长于抽象而精于分类,对世界一切有形无形之事物,无往而不用综括及分析之二法。"思辨,在西方备受推崇。注重逻辑和理性,追求真理和规律,是西方文明的重要传统。

1."产婆术"教育法与思辨性教学

苏格拉底是古希腊著名哲学家、思想家和教育家,终生从事教育工作,具有丰富的教育实践经验并有自己的教育理论。在教育方法上,苏格拉底主张不要把知识直接告诉学生,而要在问题引导中启发学生发现矛盾,自我反思,得出正确的结论。比如,苏格拉底和一位青年讨论有关正义和非正义的话题时就问:"欺骗归于哪一类?"青年答:"非正义。"苏格拉底问:"假如一位将军在作战时欺骗敌人,取得胜利呢?"青年答:"这是正义的,对朋友欺骗才是非正义的。"苏格拉底问:"那么一位将军发觉士兵情绪低落就谎称援军快要到来,从而鼓起士气,取得胜利呢?"青年答:"这也是正义的。"苏格拉底问:"那么一个小孩生病不肯吃药,父亲说这是好吃的东西不是药,骗孩子把药吃了呢?"青年答:"这也是正义的。"苏格拉底问:"你刚才不是说对朋友要坦率无欺吗?"青年答:"是我错了,请允许我把原先说的话收回……"

苏格拉底把自己的教育方法称为"产婆术",认为教育方法的本质就是通过不断设问质疑,引发别人思考以探求真理,这是西方思辨性教学思想的最早体现,对后世产生了巨大的影响。其后的柏拉图、亚里士多德也认为经过质疑、思考等思维训练的人,容易看到事物的本质。古希腊时期的思辨精神推动了西方文明的发展,推进了人们以科学的方法探求真理的历程。

2. 反思性思维与思辨性教学

19 世纪末 20 世纪初,思辨精神在美国教育家约翰·杜威的教育思想中得到系统发展。杜威认为,学生必须对某个问题进行反复的、严肃的、持续不断的深思,通过考察、探究和检验以排除疑虑、解决问题,并在这一过程中发展个体的智慧。这种思维方式被其称为 reflective thinking,后来被译为"反思性思维"。

杜威在《我们如何思维》一书中提出了反思性思维的五个重要阶段:(1)暗示,当学生面临困境时,心智寻找可能的解决的办法;(2)问题,使感觉到的疑难或者困惑理智化,成为有待解决的难题和必须寻求答案的问题;(3)假设,以一个接一个的暗示作为导向性观念,在收集资料的过程中开始并指导观察及其他工作;(4)推理,对一种概念或假设从理智上加以认真推敲;(5)检验,通过外显的或想象的行动来检验假设。①

杜威的思维五步法在教育史上具有经典的意义,为后来的五步教学法或问题解决教学法等研究提供了坚实的理论基础。

3. 批判性思维与思辨性教学

20 世纪 30 年代,德国法兰克福学派继承了思辨精神,提出了新的概念 critical thinking,我国学者通常把它译为"批判性思维"。

20 世纪 70 年代起,德国、法国、瑞士、美国等发达国家从小学到高中课程开始关注学生批判性思维的培养。1983 年,美国优质教育国家委员会提交了《国家处于危险之中:教育改革势在必行》的报告,引发了大量的改革探索,其中包括批判性思维运动。1994 年,美国颁布了《美国教育2000 年目标法》,将批判性思维列入全国性教育教学目标。2002 年,美国

① [美]约翰·杜威.我们如何思维[M].马明辉,译.上海:华东师范大学出版社,2020:103.

颁布《不让一个孩子掉队》法案,规定学业水平测试中要有"高阶思维技能和理解"的评价。[①] 2007 年,美国联邦教育部发布《21 世纪技能框架》的更新版本,明确提出把包含创造性和创新能力、批判性思维和问题解决能力、交流能力和合作能力的"学习与创新技能"列为美国教育改革的核心任务。[②] 在美国,从幼儿园就开始培养儿童的批判性思维,教师在课堂上常常会给孩子们很多表述的机会,让他们针对某个问题各抒己见或进行辩论。多数学校要求小学四五年级学生能掌握科学方法的实质,为将来学习和研究打下基础。

从苏格拉底的"产婆术"教育法到杜威的反思性思维,再到现在的批判性思维,国外教学改革一直秉承思辨精神,在教学中积极引导学生质疑探究,鼓励学生发表不同的见解,培养学生的质疑精神和辩证思维能力。

第三节　思辨性阅读问题的界定与特点

一、思辨性阅读问题的概念界定

思辨,在《中庸》"博学之,审问之,慎思之,明辨之,笃行之"中是指慎思明辨的意思。慎思,即谨慎地思考;明辨,即明白地辨别。慎思明辨,就是通过谨慎周密的思考、清晰明确的分辨,求得相对系统与完整的结论,探求事物的本质,把握事物的规律。

---

① 武宏志.论美国的批判性思维运动及其教益[J].华中科技大学学报(社会科学版),2014,28(04):112-120.
② 张义兵.美国的"21 世纪技能"内涵解读——兼析对我国基础教育改革的启示[J].比较教育研究,2012,34(05):86-90.

思辨,英文源于拉丁文 speculari,该词以 specula(等候)为词根,包含了在等候中四处张望、侦察探明之义,大致是反省、探询的意思。

思辨在《现代汉语词典》中的解释是:①哲学上指运用逻辑推导而进行纯理论、纯概念的思考;②思考辨析。一般意义上的思辨,是指在经验的基础上以理性的态度与方法认识事物,强调在学习和实践中运用辨析、判断、推理等理性思维深刻准确地把握事物的本质。

从儿童思维发展阶段性来看,大体上三岁至六七岁是具体形象思维阶段,六七岁至十一二岁是抽象逻辑思维开始发展的阶段,小学阶段是学生从具体形象思维向抽象逻辑思维过渡的重要时期。美国学者李普曼提出了儿童哲学的概念,他认为儿童哲学具有提高思维能力、改善思维品质的重要价值,并积极倡导培养学生学会有效思考、灵活思考、独立思考、批判性思考的儿童哲学教育。德国哲学家雅士培也认为,儿童是天生的哲学家。小学生喜欢问为什么,正是好奇心的表现,也是思辨能力培养的好时机。

阅读是学生与文本相互作用、建构意义的动态过程。在阅读的过程中,学生不仅需要正确地理解文本的思想内容与作者的写作意图,理解文本的语言文字与表达方法,更重要的是在文本理解的基础上对文本内容与形式作出理性的评价判断,发表自己的见解并进行迁移运用。由于认知水平、生活经历等多种因素影响,学生在阅读理解、评价判断、迁移运用中会形成不同的观点,有的正确有的错误,有的全面有的片面,有的深刻有的肤浅……这也为思辨性阅读提供了重要的教学资源。

小学阅读教学既要培养学生具体形象思维能力,又要培养学生抽象逻辑思维能力,培养学生思辨的意识和能力。思辨性阅读,是运用批判性思维对文本进行解读的阅读方式。思辨性阅读问题,是指对文本进行多元解读、思考辨析并作合理判断的问题。在思辨性阅读问题教学中,阅读是基础,思辨性问题的思考与讨论要立足文本阅读;思辨是核心,在阅读中要借助问题对文本进行多元解读、思考辨析并作出合理的判断；问题是抓手，要在发现问题、提出问题、分析问题和解决问题的过程中进行阅读思辨。课堂教学是一个有机整体，如果把思辨性阅读问题教学比作一棵大树，阅读如同树根，问题如同树干，思辨就好像树杈，合理判断就好像树叶，本固才能枝荣，根深方可叶茂。

随着社会的发展，知识更新的周期越来越短。联合国教科文组织一项研究显示，18 世纪时知识更新周期为 80～90 年，19 世纪到 20 世纪初缩短为 30 年，20 世纪 80～90 年代许多学科知识更新周期缩短为 5 年，进入 21 世纪则进一步缩短至 2～3 年。[①] 面对知识爆炸、信息烦冗、多元价值的时代，人们更需要具有较强的思辨意识和思辨能力。

问题是思辨的重要前提。为了更好地培养学生的思辨意识和思辨能力，《义务教育语文课程标准（2022 年版）》在"思辨性阅读与表达"学习任务群中明确提出了"大胆提出生活和学习中遇到的问题，通过阅读、观察、请教、讨论等方式，积极思考、探究，乐于分享自己解决问题的办法，说出一两个理由""阅读解决生活问题的故事，尤其是中华智慧故事，结合自己在生活中遇到的问题学习思考的方法，尝试运用列提纲、画思维导图等方式，表达故事中的道理""在日常学习和生活中，主动记录、整理、交流自己发现的问题和思考，学习辨析、质疑、提问等方法"等学习内容，同时提出了"应设计阅读、讨论、探究、演讲、写作等多种学习活动，引导学生学习发现、思考、探究问题的思路和方法""评价要关注学生在问题研究过程中的交流、研讨、分享、演讲等现场表现"等教学提示。用问题引领阅读思辨，是开展思辨性阅读教学的有效着力点。

思辨性阅读问题教学就是要引导学生在理解文本的基础上，开展多角度阅读和创意阅读，加深阅读思考，培养阅读能力，同时掌握比较、分

---

① 王运武,陈琳.教育变革力与创新创造力培养[M].北京:科学出版社,2021:1-4.

析、概括、推理等思维方法，学会理性地思考问题，有理有据、负责任地表达自己的观点，养成实事求是、崇尚真知的态度，培养健康的审美意识和正确的审美观念。

二、思辨性阅读问题的主要特点

不同的教学理念有不同的教学问题，不同的教学问题有不同的教学特点和功能。思辨性阅读问题，主要具有多元选择性、矛盾冲突性和批判质疑性等特点。

1. 问题的多元选择性。多元选择是阅读思辨的基础。只有给学生提供思维的空间，让学生能够多元解读、自主选择，才能进行阅读思辨。思辨性阅读问题的多元选择性主要体现在：问题的指向是多元的，题目往往只是提供思考的内容，学生需要自己提出或选择观点；问题思考的角度是多元的，学生可以根据自己的观点选择不同角度思考问题，寻找相关的依据；问题思考的结论是多元的，往往没有统一的答案，重在引导学生形成自己的观点，并有理有据、条理清楚地说明理由。

比如，统编小学语文教材三年级上册《美丽的小兴安岭》描述了我国东北小兴安岭一年四季的美丽景色和丰富物产，表达了作者对祖国大好河山的热爱和赞美之情。阅读教学中，教师提出思辨性问题："如果到小兴安岭旅游，你会选择哪个季节去？结合课文内容说说你的理由。"在阅读理解的基础上，学生畅所欲言，有的会选择春季去小兴安岭旅游，去欣赏长出嫩叶的树木、清澈的溪水、可爱的小鹿；有的会选择夏季去小兴安岭旅游，去欣赏茂密的树林、乳白色的浓雾、美丽的野花；有的会选择秋季去小兴安岭旅游，去欣赏多彩的树林，品尝美味的山葡萄和榛子等特产；有的会选择冬季去小兴安岭旅游，去欣赏厚厚的白雪，偶遇出来散步的松鼠。用一个开放性的问题来统领课文教学，既加强了阅读教学的整体感，又提供了学生自主学习的空间，让学生在多元选择中进行阅读思辨，有利于培养学生独立思考的意识和能力。

2.问题的矛盾冲突性。有矛盾冲突才有思辨的价值。思辨性阅读问题的矛盾冲突性体现在多个方面,有的表述本身就有矛盾冲突,有的与学生已有的生活、学习经验有矛盾冲突。这样的问题特别能激发学生深入思考辨析的欲望。

比如,统编小学语文教材五年级下册《景阳冈》记叙了武松在阳谷县一家酒店内开怀畅饮后,趁着酒兴上了景阳冈,赤手空拳打死猛虎的故事。阅读教学中,教师提出思辨性问题:"对课文中的武松,人们有不同的评价。有人说武松真勇敢,'明知山有虎,偏向虎山行';有人说武松很要面子,有些鲁莽,不听别人善意的劝告。你有什么看法? 说说你的理由。"这个问题中"勇敢"和"要面子""鲁莽"本身就有矛盾冲突,可以激发学生的思辨欲,引导学生深入阅读课文,形成自己的观点,并寻找依据证明自己的观点,在阅读思辨中加深对人物形象的理解把握。

3.问题的批判质疑性。批判质疑是科学精神的精髓,是思辨的重要方式。批判不只有批驳否定的意思,还有评论、评断等多种意思;质疑是提出疑问的意思。思辨性阅读问题能引导学生对文本表达的内容和表达形式的合理性进行客观评判,提出自己的疑问,甚至提出不同的见解,培养思考辨析能力。

比如,统编小学语文教材四年级上册《呼风唤雨的世纪》主要讲述20世纪一百年间科学技术的发展历程,展示科学技术的迅猛发展给人类生活带来的巨大变化和灿烂前景。阅读教学中,教师提出思辨性问题:"现代科学技术给我们带来的全是好处吗?"这个问题既可以引导学生发现现代科学技术给人类生活带来的便利,又可以引导学生反思现代科学技术给人类带来的挑战,从而培养学生的逻辑思维、辩证思维,促进思维品质的提升。

美国教学设计领域著名专家乔纳森教授提出,教育的未来应该把焦

17

点放在有意义的学习上，让学生学会怎样推理、决策和解决我们生活中随处可见的复杂问题。他从问题结构的角度，把问题分为良构问题和劣构问题两种类型。良构问题是指结构良好的问题，即那些有明确解决方法的问题，答案通常是唯一的。劣构问题是指具有多种解决方法、解决途径和少量确定性条件的问题，问题求解可能需要整合不同的内容和知识，很难有唯一的答案。① 现实生活、工作中很多问题是劣构的，是情境化的，定义不明确，具有多种解决方法和途径，没有唯一的答案。

　　思辨性阅读问题大多是劣构问题，思维的水平层次上需要依赖高阶思维。思辨性阅读问题教学，重在引导学生对复杂的难以抉择的问题进行理性分析，作出自己的判断，发表自己的看法并说明自己的理由，让学生学会全方位、多角度、辩证地思考辨析、推理判断，学会透过表面现象把握事物的本质和规律，为将来在生活、工作中解决复杂问题奠定扎实的基础。

① 盛群力,等.学与教的新方式[M].杭州:浙江大学出版社,2007:155.

第二章 思辨性阅读问题教学价值

　　阅读是通过语言文字获取信息、认识世界、发展思维、获得审美体验的重要途径，阅读教学是学生、教师、教材编者、文本之间对话的过程。思辨性阅读问题教学，是教师引导学生聚焦有多元选择、矛盾冲突、批判质疑等特点的问题，进行深入思考辨析的过程，能帮助学生提高阅读能力，发展思维，培养审美情趣，逐步形成良好的个性和健全的人格。

第一节　在思辨性阅读问题教学中发展阅读能力

　　阅读是一个复杂的心理活动,阅读过程也是由若干环节和多种因素组成的。从心理学的角度看,阅读是一个对文本感知、理解、想象、思考和迁移的过程。从行为科学的角度看,阅读又是一个对文本的认读、理解、评价和运用的过程。

　　阅读能力一般是指阅读者在阅读活动中表现出来的心理特征和行为特征,是阅读主体对阅读材料进行感知、理解、判断、评价、吸收和应用的能力。阅读能力是一个由多种因素构成的复杂系统。对阅读能力的结构要素,不同的划分角度会得出不一样的认识。我国学者对阅读能力结构要素及其层次就有多种划分,见下表[1]:

学者	阅读能力的结构层次
张鸿苓	认读能力、理解能力、鉴赏能力、思维能力
戴宝云	认读能力、理解能力、感受能力、记诵能力
韩雪屏	认知性阅读、理解性阅读、评价性阅读、创造性阅读
王松泉	认读能力、理解能力、评赏能力、借鉴能力
曾祥芹	阅读感知力、阅读理解力、阅读鉴赏力、阅读迁移力、阅读创造力
章　熊	认知能力、筛选能力、阐释能力、组合和调整能力、扩展能力
祝新华	复述、解释、重整、伸展、评鉴、创意
莫　雷	语言解码能力、组织连贯能力、模式辨析能力、筛选贮存能力、阅读迁移能力、语感能力

---

[1]　表格内容根据张鸿苓、戴宝云等的相关论述文章归纳。

国外的研究对阅读能力结构层次的理解和划分维度也不相同,比如:

美国学者威廉·格雷认为阅读的心理过程分为感知(看到文字,读出字音)、理解(把词语转化为意义)、反应(领会作者说的是什么)、综合(与实际相联系的应用)四个步骤。

国际阅读素养进展研究(PIRLS)是针对全球范围内 9 岁左右学生阅读素养发展情况的评估项目,该项目把阅读能力划分为获取信息、直接推论、综合并解释、评价文本内容和表达形式四个层次。

美国教育进展评估项目(NAEP)是针对全美不同地区四、八、十二年级学生学业成就展开的评估项目,其中阅读能力分为整体感知、形成解释、联系自身、作出评价四个层次。

以上这些阅读能力结构观,有的侧重能力构成要素的分解,有的侧重能力组合功能的分析,有的侧重核心能力的解剖,有的侧重能力系统的梳理,从不同角度对阅读能力结构进行了富有创见的研究,推动了对阅读能力的认识。

综上所述,我们认为阅读能力一般是由认读能力、理解能力、评价能力和迁移能力四个方面组成。这四种能力既相对独立,又相互联系、逐层递进,形成了完整的纵向序列。认读能力是对书面语言的感知能力,主要包括认识字形、认读字音、了解字义、初步获得文本表层意思的能力,还包括认读的兴趣、习惯和速度等。认读能力是理解能力、评价能力、迁移能力发展的基础。小学阅读教学应重视学生认读能力的培养,夯实阅读能力发展的基础。

一、在阅读思辨中发展理解能力

阅读是对文字信息进行感知、理解的复杂认知过程,是对文字信息中蕴含的思想情感进行体验感受的过程,也是对文字信息内化吸收并将外部语言转化为内部言语,形成语言表达能力的语言实践活动。从语言文字到思想内容再到语言文字，从整体到部分再到整体，是阅读的基本过程和基本规律。

阅读理解能力一般是指对文本中词句、段落、篇章、写作方法及其表达的思想情感理解内化的能力。从理解程度上划分，阅读理解能力还可以分为表层意思的理解能力和深层意义的理解能力。前者主要是根据要求找到相关的信息，解释词句表面意思等能力；后者则指分析关键词句的深层含义，分析人物特点及表达方法等能力。

在阅读教学中，单靠简单的提取与解释信息的能力，是难以透过文本表层意思，准确掌握其深层意义的。教师只有引导学生对文本表达的内容与形式进行深入思考辨析，才能促进深度理解。比如，统编教材二年级下册《小马过河》讲述了小马驮麦子去磨面时不知道河水的深浅，只好回家问妈妈的故事。学完课文，只让学生记住和简单解释妈妈说的话（"孩子，光听别人说，自己不动脑筋，不去试试，是不行的。河水是深是浅，你去试一试就知道了。"）是远远不够的。教师出示"别人的经验不一定可靠，得自己去尝试""什么事都要自己尝试，别人的话不可信"等多种说法让学生进行比较分析，说说是否同意这些说法并说明理由，才能帮助学生真正理解妈妈说的话的内涵，提高学生的阅读理解能力。

阅读教学应在文本认读、了解大意的基础上，引导学生讨论思辨性问题，由浅入深地理解文本的深层意思和语言表达方式，如从理解词句的表面意思到理解词句的深层含义，从理解文本的主要内容到理解文本的思想情感，从理解文本表达的内容到理解文本的表达形式等。这样才能加深学生的阅读理解，提高学生的阅读理解能力。

二、在阅读思辨中发展评价能力

建构主义学习理论认为，知识不能通过教师传授获得，而是学习者在一定的情境，即社会文化背景下，借助他人（包括教师和学习伙伴）的帮助,利用必要的学习资料,通过意义建构的方式获得的。情境、协作、会话和意义建构是学习环境中的四大要素。其中情境必须有利于学生对所学内容的意义建构,协作应该贯穿在学习过程的始终,会话商讨是完成学习任务的重要方式,意义建构则能帮助学生对当前学习内容所反映的事物的性质、规律及该事物与其他事物之间的内在联系达成深刻的理解。①

阅读教学不是学生简单接受文本信息、作者观点的过程,而是学生、教师、教材编者、文本之间对话的过程,阅读教学应在师生平等对话的过程中进行。阅读还是学生的个性化行为,阅读教学需要珍视学生独特的感受、体验和理解,充分利用阅读期待、阅读反思和批判等环节,拓展学生思维的广度和深度。

在阅读教学中,除了深入理解文本的观点内容和语言表达方式,更重要的是引导学生对文本观点内容的是非真伪、语言表达方式是否妥帖合理进行辨别分析,提高学生的阅读评价能力。比如,统编教材五年级上册《圆明园的毁灭》有五个自然段,第 2—4 自然段用大量笔墨写了圆明园精巧的布局、宏伟的建筑、珍贵的历史文物,而写圆明园毁灭的只有第 5 自然段。"文章题目是'圆明园的毁灭',作者为什么用那么多笔墨写圆明园昔日的辉煌?"用这样的思辨性问题引导学生深入思考,有的学生说,先详写辉煌再略写毁灭,我们还沉浸在辉煌的喜悦自豪中,突然一把火把一切全部烧掉,更能激发我们对侵略者野蛮行径的愤慨;有的学生说,课文详写辉煌略写毁灭,这样的构思特别有新意,而且辉煌的时间长就写得多,毁灭的时间短就写得少,这样的构思非常巧妙,更能让我们印象深刻……这样在阅读思辨中对表达形式进行深入思考,有利于发展学生的评价能力。

阅读评价包括两个方面,一是对文本内容的评价,二是对文本形式的

---

　　① 王大顺,等.发展与教育心理学[M].西安:陕西师范大学出版社,2015:153.

评价。思辨性阅读问题教学,就是要引导学生运用已有的经验或新学的知识,对文本作实事求是的分析,进行理性的评判,促进学生阅读评价能力的发展,培养学生高层次的阅读能力。

三、在阅读思辨中发展迁移能力

学习迁移是在一种情境中技能、知识和理解的获得或态度的形成对另一种情境中技能、知识和理解的获得或态度形成的影响。教学的重要目标之一就是让学生能够把课堂上学到的知识迁移运用到他们的生活中。依据迁移的性质和结果,迁移可以分为正迁移和负迁移,一种学习对另一种学习产生积极的影响称为正迁移,一种学习对另一种学习产生消极的影响则称为负迁移;依据迁移发生的自动化程度,迁移可以分为低通路迁移和高通路迁移,通过反复练习达到技能自动化的迁移称为低通路迁移,有意识地将在某一情境中习得的知识运用到新情境的迁移称为高通路迁移。在课程设置、教材组织、教学方法上,积极利用正迁移、高通路迁移,就可以提高学生的学习效率。

美国著名认知心理学家奥苏贝尔提出"为迁移而教"的教学思想。他认为,学生学习新知识,认知结构可利用性高、可辨别性大、稳定性强,就能促进新知识的学习。他提出影响新知识学习与保持的三个认知结构变量,即原有知识的可利用性,新旧知识的可辨别性,原有知识的巩固性,操纵与改变这三个变量就可以促进新的学习与迁移。[①] 为迁移而教,已经成为当今世界教育改革的流行思潮。

自古以来我国就有学以致用的优良传统。《论语》中说:"学而时习之,不亦说乎?"宋代学者朱熹曾说:"为学之实,固在践履。苟徒知而不行,诚与不学无异。"宋代诗人陆游在《冬夜读书示子聿》中也写道:"古

---

① 尹德好.用"心"启"智"——基于心理学的高中数学教学实践探索[M].上海:上海教育出版社,2020:97.

人学问无遗力，少壮工夫老始成。纸上得来终觉浅，绝知此事要躬行。"学是用的前提，用是学的目的，学以致用、学用相长是学习迁移的重要方式。

阅读迁移能力是将储存起来的知识在新的阅读过程中加以灵活使用，以获得新知识的能力。阅读迁移能力的最大特点，是由此及彼、举一反三、学以致用。在阅读教学中，教师应引导学生从课内向课外、从阅读向表达、从阅读向生活等多途径进行迁移，从而发展学生的阅读迁移能力。比如，统编教材二年级上册《寒号鸟》主要讲寒号鸟只顾眼前，得过且过，到了冬天冻死在岩缝里的故事。学生明白了寓言故事的道理后，教师可以提出思辨性问题："你在生活中见过喜鹊或寒号鸟这样的人吗？"引导学生把文本学习和生活实际联系起来，应用对故事寓意的理解观察和认识生活。

思辨性阅读问题教学，要引导学生对文本内容和表达形式进行深入思考辨析，最终目的是发展学生的阅读迁移能力，提高学生的认识水平、审美情趣，运用阅读思辨的理解感悟，更好地学习与生活。

第二节　在思辨性阅读问题教学中提升思维品质

思维是人脑对客观事物间接的、概括的反映。思维是智力的核心，思维能力决定了一个人智力发展和行为能力的水平。恩格斯把思维誉为"地球上最美丽的花朵"。我国著名科普作家高士其也曾说过："国家与国家的竞争是科学的竞争，是技术的竞争，同时也是教育的竞争，但归根结底却是人才的竞争。而人才的培养成长，其关键在于思维，在于科学的思维。"

人们在思维过程中表现出的不同的特点及差异，就构成思维品质。思维品质是人的思维的个性特征。思维品质主要有思维的逻辑性、思维的广阔性、思维的深刻性、思维的独立性、思维的灵活性、思维的敏捷性、思维的批判性、思维的创造性等。

思维和语言有极其密切的联系，两者相互依存、相互促进。思维的发展推动语言的发展，语言的发展又促进思维的发展。人类早期主要是通过动作来表达自己的思想，相互传递信息，进行生产劳动。为了加强交流与沟通，人类对语言形成产生了需要，语言的形成又促进了人的思维发展。语言的基本组成单位是词，词是在对客观事物抽象概括的基础上形成的。没有词，间接的、概括的抽象思维活动就不能正常进行。思维成果又凭借语言记录下来并得以传播，使思维能够在继承以往成果的基础上发展。

随着时间的推移，知识可能被遗忘，理解可能被更新，但思维方式相对稳定。阅读教学中思辨性问题的教学，最终目的不是让学生记住文本中的知识，理解文本中的观点，而是培养学生思辨的意识，掌握思辨的方法，提高思辨的能力。阅读教学应引导学生钻研文本，在主动积极的思维、情感活动中，加深理解和体验，有所感悟和思考，受到情感熏陶，获得思想启迪，享受审美乐趣。在阅读教学中提升学生思维品质，是阅读教学的重要任务。

一、在阅读思辨中提升思维的逻辑性

思维的逻辑性是思维品质的中心，是优秀思维品质的集中体现。思维的逻辑性一般指在思维过程中能够遵循逻辑的方法和规律，按照逻辑的程序进行。思维的逻辑性反映了思维的条理性和严谨性，主要体现在思维主体在思维过程中概念明确、判断恰当、推理合理。无论是思维的过程，还是思维的形式和方法，都应该有理有据、条理分明、层次清晰、前后

连贯一致,不应该自相矛盾、混乱、跳跃或含糊不清。

著名儿童认知心理学家皮亚杰认为儿童思维发展分为四个阶段:0—2岁是感知运动阶段,这一时期的儿童主要是靠感觉和动作认识世界;2—7岁是前运算阶段,这一时期的儿童已经能够使用词汇和图形指代事物,可以凭借象征性图式在头脑中进行表象性思维,但还不能形成正确的概念,判断主要受直觉思维支配;7—12岁是具体运算阶段,这一时期的儿童形成了初步的运算结构,出现了逻辑思维,开始站在别人的角度看待问题,逐步拥有利用具体对象进行逻辑思维的能力;12岁至成人是形式运算阶段,这一时期的青少年具备了抽象思维能力,能够遵循逻辑规律、运用归纳或演绎的方式解决问题。[①]

依据皮亚杰的儿童认知发展阶段理论,小学生思维正处在由具体形象思维向抽象逻辑思维过渡的时期。小学阅读教学,不仅要重视具体形象思维能力的培养,还要逐步重视抽象逻辑思维能力的培养。思辨是一种抽象的、理性的逻辑思维方式,在阅读教学中引导学生研讨思辨性问题,可以发展学生的抽象逻辑思维能力。

比如,统编教材四年级上册课文《爬山虎的脚》主要写爬山虎生长的地方、爬山虎叶子和脚的形状及特点,表达了作者对爬山虎的喜爱之情。文中写道:"爬山虎刚长出来的叶子是嫩红的,不几天叶子长大,就变成嫩绿的。爬山虎的嫩叶,不大引人注意,引人注意的是长大了的叶子。那些叶子绿得那么新鲜,看着非常舒服。叶尖一顺儿朝下,在墙上铺得那么均匀,没有重叠起来的,也不留一点儿空隙。一阵风拂过,一墙的叶子就漾起波纹,好看得很。"这段话一共有五句话,四年级学生基本上都能读懂。教师可以引导学生思考:"这段话先写嫩叶再写长大的叶子,能否先写长大的叶子再写嫩叶?""这段话写嫩叶用了一句话,长大的叶子用了四句

① 陈侠.课程论[M].北京:人民教育出版社,1989:151-152.

话,能否反过来,用一句话写长大的叶子,用四句话写嫩叶?"通过思辨研讨,学生知道这段话是按爬山虎的生长顺序写的,重点是写长大的叶子特别引人注意。在此基础上,还可以让学生仿照这段话,观察自己喜欢的一种植物,有顺序有重点地写一段话,更好地培养学生抽象逻辑思维能力,增强学生思维的逻辑性。

二、在阅读思辨中提升思维的广阔性

思维广阔性是指能从事物多个方面、多个角度或层次看问题,从而发现事物的本质。具有思维广阔性品质的人,具有考虑问题全面、善于分清主次关系等特点。

思维的广阔性主要是由知识或经验中的一个点联想到另一些知识或经验,需要以已有的知识和经验为基础,具备横向联系、发散思维的能力。如果缺乏丰富系统的知识经验,缺乏归纳总结及演绎推理能力,就难以全面地考虑问题、解决问题。

思辨性阅读问题具有开放性的特点,需要学生全方位、多角度、多层次地思考,对提升学生思维的广阔性大有裨益。比如,统编教材三年级上册课文《父亲、树林和鸟》主要讲述作者跟父亲到树林里,父亲介绍了鸟的许多生活习性,表达了父亲对树林和鸟的深厚感情。课文最后一句说:"我真高兴,父亲不是猎人。"教学中提出"父亲曾经是猎人吗"等问题引导学生思辨,学生畅所欲言,有的学生推测父亲可能曾经是个猎人,不然不可能对鸟的生活习性这么熟悉;有的学生推测父亲可能没有做过猎人,因为这样喜欢树林和鸟的父亲不可能会做猎人……其实对"父亲是否曾经是个猎人"的判断,仅仅凭借课文中的信息难以得出结论,这样的思辨性问题主要是给学生思辨提供空间,引导学生多角度思考问题,拓展学生思维的广度,培养思维的广阔性。

三、在阅读思辨中提升思维的批判性

思维批判性是非常重要的思维品质,具体是指根据客观标准进行理性的判断、评价并合理地解决问题的思维品质。具有批判性思维品质的人,有明确的是非观念,善于根据客观标准和实践经验来检查、评价自己和他人的思维活动及结果。有了思维的批判性,人类才能对思维本身加以认识,在改造客观世界的过程中改造主观世界。

批判性思维是形成批判性思维品质的重要保障。批判性思维以比较与分类、分析与综合、抽象与概括等一般性思维能力为基础,同时还具有判断证据的准确性和可靠性、判断推理的逻辑一致性、预测可能的后果等批判性思维技能。批判性思维不是否定性思维,而是对他人或自己的观点、做法或思维过程进行客观的评价、质疑,并通过分析、比较、综合进而达到对事物本质更为准确和全面的认识的一种思维活动。

思辨性阅读问题具有批判性的特点,需要学生在阅读中辩证地思考问题。比如,统编教材一年级上册《比尾巴》用三问三答的形式,介绍了六种动物尾巴的特点:

谁的尾巴长?

谁的尾巴短?

谁的尾巴好像一把伞?

猴子的尾巴长。

兔子的尾巴短。

松鼠的尾巴好像一把伞。

谁的尾巴弯?

谁的尾巴扁?

谁的尾巴最好看？

公鸡的尾巴弯。

鸭子的尾巴扁。

孔雀的尾巴最好看。

在学生正确朗读课文、了解文中动物尾巴特点的基础上，教师提出"作者认为'孔雀的尾巴最好看'，你认为谁的尾巴最好看"等问题引导学生思辨。学生可以说课文中小动物的尾巴，也可以说生活中小动物的尾巴。有的学生可能认为公鸡的尾巴最好看，有的可能认为松鼠的尾巴最好看，还有的可能认为金鱼的尾巴最好看等，只要能说明自己的理由，就应给予肯定。

阅读是个性化的行为，一千个读者就有一千个哈姆雷特。作者认为"孔雀的尾巴最好看"，并不代表每一个人都这样认为。对动物尾巴好看与否的审美判断，不同的人感受是不一样的。思辨性阅读问题教学，不是简单地理解与接受文本的观点，而是让学生对文本的观点进行理性的辨析评判，发展学生批判性思维，提升学生思维的批判性品质。

第三节　在思辨性阅读问题教学中培养独立人格

人格是个体在先天遗传基础上通过与后天社会环境相互作用而形成的相对稳定和独特的心理行为模式，一般指人的性格、气质、能力等特征的总和。人格的形成受遗传、家庭和社会等因素影响，但更重要的还是社会实践活动。

独立性是人格的重要特质之一。一个具有独立人格的人，一般有较强的自主实践能力、理性思维能力、情绪控制能力,有独立的精神价值追求。

语文课程是一门学习国家通用语言文字运用的综合性、实践性课程,应引导学生学习语言文字运用,发展思维,初步掌握学习语文的基本方法,养成良好的学习习惯,具有实际生活需要的识字写字能力、阅读能力、写作能力、口语交际能力,并通过优秀文化的熏陶感染,提高学生的思想道德修养和审美情趣,逐步形成良好的个性和健全的人格。

一、在阅读思辨中学会独立思考

简单地说,独立思考就是用自己的眼光观察事物,用自己的头脑思考问题,形成判断或决策,是形成独立人格的先决条件。只有善于独立思考的人,才能自己主动地获取新知、纠正错误、克服困难、不断前行。独立思考是获得真知、通往成功的必由之路。

德国著名哲学家叔本华说过:"独立思考比读书更重要。"伟大的科学家爱因斯坦也说过:"学会独立思考和独立判断比获得知识更重要。不下决心培养思考习惯的人,便失去了生活的最大乐趣。发展独立思考和独立判断的能力,应当始终放在首位,而不应当把获得专业知识放在首位。"

教育的重要任务之一就是要培养独立的思考者,引导学生学会独立思考问题,克服思维惰性,不依赖他人,不盲目接受别人的观点人云亦云。要鼓励学生遇到事情自己先想办法解决问题,不明白再请教他人;遇到困难不退缩,不解决问题不轻易放弃;平时要多学习,不断丰富自己的知识储备,提高自己的辨别和判断能力。

思辨性阅读问题教学,重在引导学生在阅读中自我反思,培养独立思考的意识和习惯,不以教师或同伴的分析来代替自己的阅读思考,不以模式化的解读来代替自己的理解体验。

比如,统编教材四年级上册第二单元主题是"学会提问",旨在引导学生在阅读中尝试从不同角度提出问题、思考问题。课文《一个豆荚里的五粒豆》主要讲述成熟的豆荚裂开后,里面的五颗豆粒飞到广阔的世界里,经历了不同的生活。其中第五粒豌豆坠入顶楼窗下旧板子的裂缝里,慢慢发芽、开花,给躺在床上的女孩增添生机和活力。关于其中一粒豌豆,课文中写道:"我胖得要爆裂开来了。我想任何豌豆从来不曾、也永远不会达到这种地步的。我是五粒豌豆中最了不起的一粒。"课后练习"问题清单"中有思辨性问题:"掉到水沟里的那粒豌豆真的是最了不起的吗?"学生通过思辨会明白:掉到水沟里的那粒豌豆不是最了不起的,它最终会腐烂,"最了不起"是它一厢情愿、异想天开的想法;给小女孩带去生活的勇气和希望的小豌豆才是最了不起的。这样的思辨性问题有利于培养学生独立思考的意识,养成联系上下文思考、把握语言背后的含义的习惯,不被文本语言表面的意思所迷惑,逐步提高独立思考的能力。

二、在阅读思辨中形成独立思想

思想是客观存在反映到人的意识中,经过思维活动而产生的结果。独立思想就是在独立思考的基础上形成自己的想法和意见,可以是解决问题的新途径和新方法,也可以是提出的新解释或结论。能用自己的大脑独立思考,并不代表就有独立思想。具有独立人格的人,不仅能通过独立思考审视自己原有的思想,还能重新建构新思想。

法国哲学家帕斯卡尔说过,人只不过是一根苇草,是自然界最脆弱的东西,但他是一根能思想的苇草。英国作家萧伯纳说过,如果你有一种思想,我有一种思想,彼此交换,我们每个人就有两种思想,甚至多于两种思想。苏霍姆林斯基提出,课堂是人成为思想者的发祥地,学生是课桌旁的思想劳动者。

课堂不只是学习知识的场所,还是教师和学生展开对话、进行思想交流的地方,是学生思想和智慧生长的地方。课堂上,学生虽然不是思想家,但应该是思想的劳动者,将来有可能成为思想家或有思想的实践者。

语文课程在发展学生语言能力的同时,要发展学生的思维能力,引导学生学习科学的思想方法,逐步建构自己的思想体系,为将来成为有独立思想的人打下基础。

思辨性阅读问题教学,要鼓励学生大胆提出自己的看法,敢于发表自己的意见或见解,激发想象力和创造潜能。

比如,统编教材三年级下册课文《池子与河流》主要讲述池子过着安逸、清闲的生活,河流过着奔流不息、负载船只的生活,最后池子干枯、河流长流不断。阅读教学中,可以引导学生思考"池子与河流的观点,你更赞同哪一种"等思辨性问题。大多数学生会赞同河流的生活方式,因为河流无私奉献,给人们带来很多好处;河流整天奔腾不息,勇往直前,一路看到无数美好的风景。但也有学生赞同池子的生活方式,因为池子懂得欣赏美景,享受生活,能够静下心来思考。经过一番讨论,更有学生说河流和池子的观点都有道理,关键是要学会根据不同的情境作出不同的选择:人年轻时要像河流,老年时可以像池子;工作时要像河流,休息时可以像池子;身体健康时要像河流,身体不舒服时可以像池子等。通过阅读思辨,学生联系生活实际大胆发表自己的看法,不断迸发思维的火花,逐步建构起自己的思想体系。

三、在阅读思辨中培养独立精神

人作为独立的生命个体,不只是一个肉体的存在,更是一种精神的存在。一个真正强大的人应该是精神独立的人。人生的最高境界就是精神独立。独立精神是现代社会文明的基石。只有具备独立精神,才能形成完善的独立人格。

真正的精神独立不仅是对自我的尊重,更是对他人与规则的尊重。具有独立精神的人不会盲目自大、目空一切、无视规则,而会在社会伦理道德和法制要求框架内追求自由和自我价值的实现。具有独立精神的人拥有平等的思想、宽广的胸怀，能充分尊重他人的思想和意见，不以自己的意志束缚别人。具有独立精神的人是拥有丰富知识、遵守社会规则的人，时时履行自己的权利和义务，处处对自己的思想和行为负责。

《义务教育语文课程标准（2022 年版）》在"思辨性阅读与表达"学习任务群中特别强调，要引导学生"辨析态度与立场，辨别是非、善恶、美丑，保持好奇心和求知欲，养成勤学好问的习惯；负责任、有中心、有条理、重证据地表达，培养理性思维和理性精神"。语文课程丰富的人文内涵对学生精神世界的影响是广泛而深刻的，学生对语文材料的感受和理解又往往是多元的。在思辨性阅读问题教学中，教师要重视语文课程熏陶感染、价值引领的作用，培养学生良好的思想道德风貌和健康的审美情趣，使学生逐步形成正确的价值观、审美观，学会对自己负责、对他人负责、对社会负责，做一个有精神追求的人。

比如，统编教材五年级上册《少年中国说（节选）》将古老的中国与作者心目中的少年中国作对比，鼓励人们肩负建设少年中国的重任，表达了作者期望祖国繁荣富强的愿望和积极进取的精神。课文中写道："故今日之责任，不在他人，而全在我少年。少年智则国智，少年富则国富，少年强则国强，少年独立则国独立，少年自由则国自由，少年进步则国进步，少年胜于欧洲则国胜于欧洲，少年雄于地球则国雄于地球。"阅读教学中，教师可以引导学生思考"少年中国和中国少年之间有什么联系？自己如何做新时代的中国少年"等问题，让学生深入理解少年强则中国强、中国强则少年强的辩证关系，进一步增强学生奋发进取、振兴中华的使命感和责任感，努力成为有理想、有本领、有担当的新时代好少年，成为精神独立而明亮的人。

第三章 思辨性阅读问题教学设计

凡事豫则立，不豫则废。思辨性阅读问题设计是开展思辨性阅读教学的前提条件。教师可以根据教学目标和教学内容，从教材、文本、学生等多角度设计思辨性阅读教学的问题，激发学生阅读和思辨的积极性、主动性和创造性。

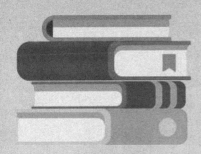

第一节　基于教材练习发掘思辨性阅读问题

教材是教学的重要资源。小学语文教材一般是由课文系统、知识系统、练习系统组成的。根据社会发展需要，统编小学语文教材对学生思维发展提出了新要求，增强了教学的思辨性。

课文系统是语文教材的核心内容，文质兼美、具有典范性、富有文化内涵和时代气息是教材选文的基本要求。统编小学语文教材每个年级都选编了大量含有思辨性内容的课文。比如，一年级《大还是小》《小猴子下山》，二年级《曹冲称象》《小马过河》，三年级《一块奶酪》《鹿角和鹿腿》，四年级《一只窝囊的大老虎》《巨人的花园》，五年级《"精彩极了"和"糟糕透了"》《自相矛盾》，六年级《书戴嵩画牛》《两小儿辩日》等。练习系统是语文教材的重要组成部分，体现着对教材内容学习、巩固和拓展的具体要求。统编教材特别重视练习系统的设计，在课后练习、学习提示等处编有大量的思辨性问题。教师要认真研读教材编写意图，充分利用教材资源，发掘思辨性问题，培养学生的思辨能力。

一、根据课文类型特点从阅读思考题中发掘思辨性问题

统编小学语文教材以精读课文为主体，从三年级开始编排略读课文。无论是精读课文的课后练习，还是略读课文的学习提示，都蕴含着丰富的思辨性问题设计资源。

精读课文是阅读教学的重要内容，主要作用是引导学生学习阅读方法，掌握阅读与表达的规律性知识，为学生自主阅读与表达奠定基础。精读课文的课后练习一般从阅读理解、积累运用、拓展实践等维度进行设

计,在阅读理解中编有大量的思辨性问题。比如,统编教材三年级下册第二单元精读课文《鹿角和鹿腿》主要讲述一只鹿遇到凶猛的狮子,美丽的鹿角差点要了它的命,最后靠难看的腿奋力脱险的故事。课后练习便提出思辨性要求:

下面的说法,你赞成哪一种?说说你的理由。

◇ 美丽的鹿角不重要,实用的鹿腿才是重要的。

◇ 鹿角和鹿腿都很重要,它们各有各的长处。

这个问题旨在引导学生联系课文内容进行思辨研讨,明白任何事物都有它的长处和短处,在不同的情况下会发挥不同的作用,不要因为它有长处就看不见它的短处,也不要因为它有短处就否定它的长处。

略读课文编排在精读课文之后,主要作用是迁移运用从精读课文中学到的方法,引导学生把课文读懂。略读课文没有课后练习,但课文前面设置了学习提示,提出了阅读本文需要思考的问题及相关建议。略读课文学习提示中也编有大量的思辨性问题。比如,统编教材三年级下册第二单元略读课文《池子与河流》主要通过池子与河流的对话,写出池子与河流不同的生活态度与方式。课文前学习提示说:"寓言故事也可以用诗的形式来讲。分角色朗读课文。结合生活实际说一说:池子与河流的观点,你更赞同哪一种?"这一问题旨在引导学生在读懂寓意的基础上,进行多角度思考,并将阅读感悟应用到现实生活中,达到学以致用的目的。

二、根据课标学段要求从教材阅读思考题中发掘思辨性问题

《义务教育语文课程标准(2022 年版)》将小学阶段分成了三个学段,第一学段是 1—2 年级,第二学段是 3—4 年级,第三学段是 5—6 年级,并分别提出各学段的教学要求,体现了语文课程的整体性和阶段性。统编教材三个学段的阅读思考题中,都编写了带有思辨性的问题。

第一学段是小学生阅读的起步阶段,《义务教育语文课程标准(2022

年版）》"阅读与鉴赏"中要求"结合上下文和生活实际了解课文中词句的意思，在阅读中积累词语""阅读浅近的童话、寓言、故事，向往美好的情境，关心自然和生命，对感兴趣的人物和事件有自己的感受和想法，并乐于与他人交流"等。统编教材第一学段的阅读思考题基本体现了这些要求，其中有些题目就带有思辨色彩。比如，统编教材二年级上册课文《一封信》讲述女儿因为想念出差的父亲而给他写信的故事，课后练习中提出："露西前后写的两封信，你更喜欢哪一封？为什么？"这个思辨性问题旨在引导学生体会对待同一件事情，从不同的角度看，会有不同的处理方法，要学会乐观地面对生活，快乐地解决问题。

第二学段是小学生阅读的发展阶段，《义务教育语文课程标准（2022年版）》"阅读与鉴赏"中要求"能联系上下文，理解词句的意思，体会课文中关键词句表达情意的作用。能借助字典、词典和生活积累，理解生词的意义""能初步把握文章的主要内容，体会文章表达的思想感情。学习圈点、批注等阅读方法。能对课文中不理解的地方提出疑问，乐于与他人讨论交流"等。统编教材第二学段的阅读思考题，增加了思辨性问题的数量。比如，统编教材四年级上册课文《夜间飞行的秘密》主要写科学家通过反复研究揭开蝙蝠在夜里飞行的秘密，并从中受到启示，给飞机装上雷达，保证夜间安全飞行。课后练习的小组问题清单中提出："飞蛾、萤火虫、猫头鹰，它们在夜间活动也是靠超声波吗？"这个思辨性问题旨在激发学生探究科学的兴趣，引导学生学习科学的思想方法，逐步养成实事求是、崇尚真知的科学态度。

第三学段是小学生阅读的提高阶段，《义务教育语文课程标准（2022年版）》"阅读与鉴赏"中要求"能联系上下文和自己的积累，推想课文中有关词句的意思，辨别词语的感情色彩，体会其表达效果""在阅读中了解文章的表达顺序，体会作者的思想感情，初步领悟文章的基本表达方法。在交流和讨论中，敢于提出看法，作出自己的判断"等。统编教材第三学段的阅读思考题中,编写了较为复杂的思辨性问题。比如,统编教材五年级上册课文《少年中国说(节选)》极力歌颂少年的朝气蓬勃,寄托了作者对少年中国的热爱和期望。课后练习要求:

结合注释和相关资料,说说课文的意思,再回答下面的问题。

1. 课文用哪些事物来赞美少年中国?

2. 少年中国和中国少年之间有什么联系?

其中第2小题就带有强烈的思辨色彩,旨在引导学生联系课文内容,结合课外搜集的有关资料,明白少年强则中国强、中国强则少年强的辩证关系,激励学生为祖国富强而努力学习。

三、根据阅读思考题题型特点从教材练习中发掘思辨性问题

统编教材练习系统与以往教材相比,阅读思考题的题型也发生了很大变化,增加了判断、选择、关联型思考题。这些思考题中的许多问题就带有很强的思辨色彩。

判断型思辨性阅读问题,就是用判断对错的方式引导学生进行思辨。比如,统编教材二年级下册《小马过河》这篇寓言故事,课后练习中提出:

你同意下面的说法吗? 说说你的理由。

◇ 河水既不像老牛说的那样浅,也不像松鼠说的那样深,所以老牛和松鼠对小马撒谎了。

◇ 小马向很多人请教,是对的。

◇ 别人的经验不一定可靠,得自己去尝试。

◇ 什么事都要自己尝试,别人的话不可信。

此题旨在引导学生提取课文中相关信息进行辨析,加深对课文重点语句的理解,进一步明确生活中遇到问题时如何处理自己大胆尝试和向别人请教的关系。

选择型思辨性阅读问题,就是用观点选择等方式引导学生进行思辨。

比如,统编教材五年级下册《金字塔》由《金字塔夕照》《不可思议的金字塔》两篇短文组成,介绍了埃及金字塔的古老、壮丽等特点。课文的学习提示要求:"默读下面两篇短文,说说你对金字塔有了哪些了解。两篇短文用了不同的方式写金字塔,你更喜欢哪一种？说说你的理由。"意在引导学生通过散文、非连续性文本的不同表达方式了解有关金字塔的信息,体会金字塔的奇特景象,感受古埃及人在科学、建筑等方面的杰出成就。

关联型思辨性阅读问题,就是用关联文本或生活等方式引导学生进行思辨。比如,统编教材二年级下册《寓言二则》包含《亡羊补牢》《揠苗助长》两则寓言故事,课后练习提出问题:"生活中有类似'亡羊补牢''揠苗助长'的事例吗？"意在引导学生在理解寓言故事内容的基础上,说说生活中类似的事例,把课文阅读和现实生活联系起来,感悟寓言故事揭示的道理的现实意义。

除了精读课文的课后练习、略读课文的学习提示,统编小学语文教材还在语文园地中编有思辨性的练习。比如,三年级上册第三单元语文园地"日积月累"中的"灯不拨不亮,理不辩不明""有理走遍天下,无理寸步难行""一时强弱在于力,万古胜负在于理"是有关"理"的思辨,三年级下册第六单元语文园地"日积月累"中的"见善则迁,有过则改""过而不改,是谓过矣""人谁无过？过而能改,善莫大焉"是有关"过"的思辨。通过一组组谚语、名言或诗句的背诵积累,培养学生的思辨意识。

第二节　基于文本特点研制思辨性阅读问题

教学是师生共同进行的一项复杂的创造性活动,教师不仅仅是教材编写意图的执行者,更是教材资源的开发者。教师应认真钻研教材,正确

43

理解、把握教材内容,创造性地使用教材,精心设计和组织教学活动,启迪学生智慧。在阅读教学中,教师不仅要用好统编教材中的思辨性问题,还要根据教材文本的特点,精心研制思辨性问题。

一、根据文本内容特点研制思辨性问题

文本是书面语言的表现形式,是作者运用语言文字表达认识或情感的载体。教师可以从文本表达的主旨、选择的内容等角度设计思辨性问题,让学生在阅读思辨中感悟作者的思想和智慧。

文本主旨即作者写作的目的,深入理解文本主旨是培养学生人文素养的关键。教师可以从文本主旨的角度设计思辨性问题。比如,统编教材六年级上册《丁香结》主要写作者在雨中观察丁香花时联想到古人诗句"芭蕉不展丁香结""丁香空结雨中愁",明白了"丁香结"说法的由来,并由此产生了自己的思考:"结,是解不完的;人生中的问题也是解不完的,不然,岂不太平淡无味了吗?"体现出作者积极向上的人生态度。教师可以预设"结合课文内容和自己的生活,说说丁香结引发了你对人生怎样的思考"等思辨性问题,引导学生展开深入研讨。这样,学生不仅能理解作者的观点,还能生成"不经历风雨怎见彩虹,没有丁香结哪来丁香花""人生中的'结'是无法避免的,我们在解'结'的过程中不断成长"等独特见解,升华对文本主旨的认识。

为了清楚地表达观点,作者会按照一定的顺序精心选择和组织内容,教师也可以从文本内容之间的关联的角度设计思辨性问题。比如,统编教材六年级下册课文《真理诞生于一百个问号之后》列举了波义耳发现植物酸碱反应并发明了石蕊试纸、魏格纳通过观察地图提出大陆漂移学说、阿瑟林斯基发现脑电波变化与做梦有关的三个事例,论证了"见微知著、善于发问并不断探索,就有可能发现真理"的观点。教师可以设计"作者为什么要列举三个事例,而不是一个"等思辨性问题,引导学生理解这三个事例的内在

联系及其典型意义,领悟作者用事例论证观点的方法。

阅读不仅要让学生通过文本理解作者的思想感情,更要引导他们结合生活实际来认识自己的生活。教师还可以由文本内容链接学生生活,设计思辨性问题。比如,统编教材六年级上册课文《只有一个地球》主要说地球美丽而又渺小,而且资源有限,保护地球生态环境非常重要,提醒人们要精心保护地球。文中写道:"科学家已经证明,至少在以地球为中心的40万亿千米的范围内,没有适合人类居住的第二个星球。人类不能指望地球被破坏以后再移居到别的星球上去。"教师可以设计"如果科学家找到了适合人类居住的第二个星球,我们就可以破坏地球了吗"思辨性问题,引导学生联系文本和现实生活展开讨论,通过思辨认识到:地球不仅是人类的家园,也是动植物的家园;地球是我们祖先生活过的地方,值得我们保护;假如我们将来可以生活在别的星球上,也可以来地球旅行……这样,不仅能让学生加深对课文的理解,更能激发学生保护地球的情感,提高学生的思想认识。

二、根据文本形式特点研制思辨性问题

优秀文本是内容与形式的和谐统一,阅读教学既要让学生读懂文本表达的内容,也要让学生发现文本表达形式的秘密。教师可以从文本遣词造句、布局谋篇等角度设计思辨性问题,让学生在阅读思辨中感受语言表达的精彩魅力。

词语和句子是语言表达的基本单位,教师可以从文本遣词造句的角度设计思辨性问题。比如,统编教材三年级下册《荷花》主要记述作者到公园里看荷花的情景及感受,表现了作者对大自然的热爱与赞美。文中有许多优美生动的词句,如"荷叶挨挨挤挤的""白荷花在这些大圆盘之间冒出来"等。教师可以引导学生思考:"你觉得句子中的'冒'字换成'长'字好不好? 为什么?"把文中的"冒"字与"长"字进行比较,在阅读思辨中发现作者用词的精妙，感受荷花旺盛的生命力。

布局谋篇是作者对文章整体结构的安排，先写什么后写什么，详写什么略写什么，将文章各部分组成一个有机整体。教师可以从文章布局谋篇的角度设计思辨性问题。比如，统编教材六年级上册《桥》写一位老汉在洪水中指挥人们有序过桥，揪出一个插队的小伙子，最后老汉和小伙子被洪水冲走的感人故事。文章结尾才点明小伙子是老汉的儿子。教师可以设计"为什么文章不把'从队伍里揪出一个小伙子'直接写成'从队伍里揪出自己的儿子'"等思辨性问题，让学生在阅读思辨中明白小说结尾"出人意料又在情理之中"的表达特点，深刻感受老汉的崇高品质。

表达方法是文章重要的形式因素，具体包括表达方式、表现手法和修辞手法。教师也可以从表达方法的角度设计思辨性问题。比如，统编教材六年级上册《穷人》讲述渔夫和妻子桑娜主动收养邻居西蒙的两个孩子的故事。文中桑娜这个人物形象主要是通过心理活动描写来塑造的，但是在"孩子的呼吸均匀而平静，睡得正香甜。桑娜用头巾裹住睡着的孩子，把他们抱回家里"这段描写里却没有心理描写。教师可以引导学生想象当时的情景，推测桑娜看到孩子、抱孩子回家前后的心理活动，然后再提出思辨性问题："为什么托尔斯泰在这里没有描写桑娜的心理活动？"学生有的说这儿不写，是为了给读者留下想象的空间；有的说这儿不写，是因为桑娜想也没想就把两个孩子抱回家，更能突出她善良的品质等。通过这样的阅读思辨，学生既能深刻把握人物的形象特点，又能充分领悟作者表达方法运用的巧妙。

三、根据文本体裁特点研制思辨性问题

文体是指文章的体裁，反映了文本从内容到形式的整体特点。教师可以从叙事文、说明文、古诗文等角度设计思辨性问题，让学生在阅读思辨中感受不同文体的特殊功能。

　　叙事文需要选择典型事件完整有序地叙述，其中人物、事件是构成文章的重要要素，外貌、语言、动作、神态和心理是人物描写的主要方法。教师可以从记叙文的这些特点入手，设计思辨性问题。比如，统编教材五年级上册《将相和》由完璧归赵、渑池会、负荆请罪三个小故事组成。蔺相如完璧归赵，渑池会上又立了大功，被封为上卿，廉颇很不服气，他对别人说："我廉颇立下了那么多战功，他蔺相如就靠一张嘴，反而爬到我头上去了。要是我碰见他，一定要让他下不来台！"教师可以聚焦廉颇说的话，引导学生思考："蔺相如真的就是靠一张嘴被封为上卿的吗？"学生重读完璧归赵、渑池会两个故事中蔺相如的言行表现，联系廉颇的话进行思辨，就更能感受蔺相如为了国家利益不畏强暴、智斗秦王、顾全大局、不计较私人恩怨等宝贵精神。

　　说明文具有内容严谨、条理清晰、语言准确等特点，教师可以从说明文的特点切入，设计思辨性问题。比如，统编教材四年级下册《飞向蓝天的恐龙》主要向人们介绍科学家们根据研究提出"鸟类很可能是小型恐龙的后裔"的假说以及对演化过程的推想。文中写道："科学家们认为：原来不会飞的恐龙最终变成了天之骄子——鸟类，它们飞向了蓝天，从此开辟了崭新的生活天地。"教师可以提问："你认为鸟类真的是恐龙演化来的吗？"引导学生再读课文，联系课后"资料袋"进行思辨，形成观点，说明依据。有的学生认为是真的，因为课文列举了科学家从大量化石研究中发现鸟类可能是一种小型恐龙后裔的事例；有的学生认为不一定是真的，因为课文中用的是"可能""推测"等词语，课后的"资料袋"还提到"有人认为鸟类起源于一种早期鳄形动物，也有人提出鸟类源自一类叫作'槽齿类'的爬行动物"……通过阅读思辨，学生既能更准确地掌握有关科学知识，培养科研兴趣，也能更好地感受说明文语言表达的准确性。

　　古诗文通常具有语言精练、内涵丰富等特点，教师可以由此切入，设计思辨性问题。比如，统编教材六年级上册古诗《江南春》："千里莺啼绿

47

映红，水村山郭酒旗风。南朝四百八十寺，多少楼台烟雨中。"教师可以提问："为什么诗人不把'多少楼台烟雨中'写成'多少楼台阳光中'？"学生联系写作背景进行阅读思辨，就能明白"烟雨"一词不仅点明古诗描写的环境和时间，同时也表达了诗人内心的感慨：南朝遗留下的楼台在烟雨中显得更加凄迷；人去楼空，往事如烟，曾经的辉煌繁荣已经不复存在……学生由此既感受到古诗中江南春天景色的美好，又能感受到古诗丰富的思想情感和精妙的语言表达。

第三节　基于学情需要提炼思辨性阅读问题

学生是阅读学习的主体，教师是学习活动的组织者和引导者。阅读教学中，教师可以根据学生的阅读需要，精心提炼思辨性问题，引导学生开展多角度、有创意的阅读，拓展学生的思维空间，提高学生的思辨能力。

一、根据学生阅读质疑提炼思辨性问题

我国儒家学派创始人孔子说过："疑是思之始，学之端。"古希腊哲学家亚里士多德也认为："思维从疑问和惊奇开始。"质疑是思辨的发端，教师要在阅读教学中积极创设机会，鼓励学生质疑，同时依据学生质疑提炼思辨性问题，促进学生深度阅读。

预习是培养学生自学能力、提高学习效率的有效途径。教师可以引导学生在课前预习中质疑，并从中提炼思辨性问题。比如，统编教材五年级下册课文《跳水》主要写孩子为了追回猴子抢走的帽子，爬到桅杆最高的横木上，在万分危急的关头，船长用枪逼着孩子跳水使孩子得救的故事。预习中有学生提出疑问："如果船长数到'三'，孩子没有跳水，船长真

的会开枪吗?"教师可因势利导,让学生重读课文,寻找关键词句进行批注,结合生活经验展开思辨。学生们有的说船长不会开枪,他只是想吓唬一下孩子,因为他相信孩子不需要数到"三"就会跳水;有的说船长会开枪,但不会打孩子,而是用枪声再次逼迫孩子跳水;有的说船长不会开枪,因为这样做太冒险,万一孩子听到枪声受到惊吓掉到甲板上怎么办……这样的阅读思辨不但加深了学生的阅读理解,还提高了学生有理有据表达自己观点等能力。

课堂教学是一个动态生成的过程,其间会出现许多无法预见的因素或情景。教师可以从学生课堂即时质疑中提炼思辨性问题。比如,统编教材六年级上册《月光曲》主要讲述贝多芬在一所茅屋里遇到穷兄妹俩,即兴创作《月光曲》的传说。文中有一段盲姑娘和贝多芬的对话:

盲姑娘听得入了神,一曲弹完,她激动地说:"弹得多纯熟哇! 感情多深哪! 您,您就是贝多芬先生吧?"

贝多芬没有回答,他问盲姑娘:"您爱听吗? 我再给您弹一首吧。"

教学中有学生质疑:"'您'是表示尊敬的称谓,文中贝多芬问盲姑娘用了两个'您',是不是用错了?"针对学生即时生成的疑问,教师可以提炼出思辨性问题:"贝多芬连用了两个'您'字,到底有没有用错?"引导学生通过思辨理解贝多芬连用两个"您"的原因:他是把盲姑娘当作知音了,对盲姑娘油然生出敬意,由此便能体会作者巧用两个"您"字的匠心。

二、根据学生课堂应答提炼思辨性问题

课堂问答活动一般包括教师发问、学生思考、教师叫答、学生应答、教师理答等基本环节。教师可以根据学生课堂应答情况提炼思辨性问题,引导学生通过思辨经历由模糊到清晰、由片面到全面、由肤浅到深刻的过程。

教师可以根据学生的课堂应答,通过追问提出思辨性问题,拓宽学生的思路,引导学生思考辨析。比如,统编教材六年级上册《书戴嵩画牛》通

过写牧童看到杜处士晾晒戴嵩《斗牛图》，指出画中角斗的牛尾巴画错了这件事，表达了作者由此引发的思考。教学中，教师可以抓住牧童"拊掌大笑"中的"笑"引导学生思考："牧童到底在笑什么？"有的学生说牧童在"笑"戴嵩，把牛斗时的尾巴画错了；有的学生说牧童在"笑"杜处士不会欣赏画，没有看出画中的错误；有的学生说牧童在为自己"笑"，因为他发现了画中的错误，感到高兴和自豪……学生畅所欲言后，教师可继续追问："戴嵩到底有没有画错呢？"引导学生通过查找有关资料，引发思考辨析。最后，学生发现牛斗时尾巴的姿态是多种多样的，有的牛确实是将尾巴抽缩到两条后腿间，但也有的牛尾巴是甩来甩去的，还有的牛甚至将尾巴翘起来。戴嵩根据自己的观察没有画错，牧童根据放牛的经验指出画中的问题也没有说错，他们都是实事求是。这样就不仅让学生充分感受牧童率真可爱、实事求是、敢于挑战权威的特点，也培养了学生"不唯书、不盲从"的思维品质。

　　教师也可以根据学生应答情况，通过反问提出思辨性问题。比如，统编教材四年级下册《囊萤夜读》讲述车胤家境贫困，晚上用袋子装着萤火虫借光读书的故事。文中写道："家贫不常得油，夏月则练囊盛数十萤火以照书，以夜继日焉。"初读课文后讨论"车胤给你留下怎样的印象"，有学生认为车胤不爱护动物，教师可以反问："那为什么编者还要把这个故事编进教材呢？"让学生通过阅读思辨读懂这篇文言文的大体意思，也弄懂编者的编写意图，不是模仿车胤囊萤夜读的行为，而是学习车胤刻苦学习的精神，同时体会文言文语言精练的表达特点。

三、根据学生阅读拓展提炼思辨性问题

　　语文课程资源包括课堂教学资源和课外学习资源，语文教师应高度重视课程资源的开发与利用，创造性地开展教学活动。阅读教学中，教师可以根据学生阅读需要适度拓展阅读内容，在阅读拓展中提出思辨性问

题,深化学生阅读思考。

　　从一篇文章的阅读拓展到多篇文章,不仅能深化课文理解,还能在多篇文章比较阅读中延展思维的广度和深度。教师可以在多篇文章阅读中提炼思辨性问题,培养学生进行对比的思维能力。比如,教学统编教材四年级上册《呼风唤雨的世纪》,可以让学生拓展阅读课外选文《科技发展带给人类的利与弊》,提出思辨性问题:"这两篇文章在内容和表达上有哪些相似之处和不同之处?"学生通过比较辨析发现:两篇文章都写了科技发展给人类带来的好处,都引用了古诗来说明自己的观点;课文《呼风唤雨的世纪》都是写科技发展给人类带来的好处,《科技发展带给人类的利与弊》还写了科技发展给人类生活带来的问题……这样在拓展阅读中比较辨析,学生就能获得更全面更深刻的认识。

　　从一篇文章的阅读拓展到整本书阅读,能激发学生课外阅读的兴趣,提高学生阅读整本书的能力。教师可以在整本书拓展阅读中提出思辨性问题。比如,统编教材五年级下册《草船借箭》讲述周瑜要求诸葛亮十天造十万支箭,诸葛亮利用曹操多疑的性格特点,在三天内用草船借到了十万余支箭的故事。读完课文后学生普遍认为周瑜气量狭小、嫉妒心强,教师再引导学生拓展阅读《三国演义》中描写周瑜的章节,学生会发现周瑜还是个足智多谋、忠心爱国、知人善用的大将;再拓展阅读《三国志》中有关周瑜的资料,学生又会发现周瑜还是个胆识兼备、气度宏大的英雄;最后还可以引导学生讨论:"为什么读《草船借箭》《三国演义》《三国志》,周瑜会给我们留下不一样的印象?"有的学生说课文《草船借箭》是《三国演义》中精彩篇章的节选,不能完整反映人物的形象特点,要正确把握人物特点需要读原著,以免以偏概全;有的学生说《三国演义》是文学作品,带有作者的主观色彩,还有很多虚构的成分,《三国志》是史书,相对来说比较贴近史实……这样以课文为基点拓展到整本书阅读,开展阅读思辨,学生的阅读理解就得以深化,思维的广度和深度也得到了提升。

第四章
思辨性阅读问题教学实施

教学设计、教学实施和教学评价是教学活动的三个主要阶段。教学实施是实施教学活动、实现教学目标的重要阶段。思辨性阅读问题教学是以思辨性问题为线索，组织开展阅读教学活动，其间需要充分展开阅读思辨的过程，有效选择阅读思辨的方法，适度拓宽阅读思辨的空间，提高学生阅读思辨能力，发展学生语文核心素养。

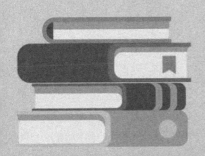

第一节　思辨性阅读问题教学过程的展开

教学过程是由教师教和学生学构成的双边活动过程，是有目的有计划的特殊的认识过程。教学过程不只是学生学习知识和提高能力的过程，还是学生发展思维、形成情感态度和价值观的过程。

教学过程具有阶段性。关于教学过程阶段的划分，教育史上曾有许多观点和见解。我国《中庸》中提出的"博学之，审问之，慎思之，明辨之，笃行之"，是世界教育史上对学习过程较早的概括。

外国教育史上首次系统论述教学过程阶段性的是德国教育学家赫尔巴特。他提出了"教学过程四阶段"学说：①明了，即教师通过实物观察、图片演示、语言讲述等方法，让学生清楚地感知新教材；②联想，即教师通过谈话等方式，让学生把新获得的知识与旧有的知识联系起来，形成新的知识；③系统，即在教师指导下学生对已获得的知识进行综合、归纳和概括，使之概念化和系统化，纳入原有的知识系列，形成组织严密、更加完整的知识体系；④方法，学生通过练习把系统化了的知识应用到"个别情况"或实际生活中去。① 赫尔巴特运用心理学来解释教学过程，把教学当作一个过程来研究，对教育的研究发展起到了重要作用。

以美国教育家杜威为代表的实用主义教育流派认为，教学过程中必须以儿童个人生活实践或直接经验作为学习的中心，要求围绕特定的生活事务来学习知识，即"从做中学"，并以反思性思维的五个步骤为基础提出了教学过程的五个阶段——情境、问题、假设、推论、验证，同时指出这

---

① 王道俊，郭文安.教育学[M].北京：人民教育出版社，2016：157.

五个阶段的顺序不是固定的，可以调换，对现代教学改革产生了深远的影响。

一、展开阅读思辨过程的教学环节

系统论认为，系统是由若干相互联系、相互作用的要素组成的具有特定结构与功能的有机整体。系统的整体功能建立在系统要素功能基础之上，要增强系统的整体功效，就要提高系统中每个要素的质量，并对系统中的要素进行优化组合。教学过程是由能实现预定教学目标的若干教学环节组成的系统，优化教学环节可以提高教学过程的有效性。

依据《中庸》中"博学之，审问之，慎思之，明辨之，笃行之"的学习过程思想，思辨性阅读问题教学过程主要可以分为"问→思→辨"三个基本环节：①问，即创设情境，提出问题。教师可以提出思辨性问题，也可以利用学生提出的思辨性问题。②思，即阅读思考，分析问题。让学生聚焦思辨性问题进行阅读思考，形成自己的观点，并从文中寻找证明自己观点的依据。③辨，即相互辨析研讨，解决问题。引导学生在小组或全班交流观点，阐述依据，进行辨析研讨。

比如，统编教材四年级上册《一只窝囊的大老虎》主要讲述作者童年时在一次班级演出中扮演老虎，因不会豁虎跳而演砸锅，深感窝囊和困惑的事。教师可以设计这样的教学过程：①问，让学生初读课文，学习生字新词，了解课文大意，提出不理解的问题，引出思辨性问题"'我'的表演是否窝囊"；②思，让学生带着思辨性问题独立阅读课文，形成自己的观点，从文中寻找依据，抓住关键词句做好批注；③辨，让学生根据自己的观点选择认为"窝囊"或"不窝囊"的小组开展合作学习，交流并完善观点和依据，最后在全班进行辩论。

学习是学习者主动建构意义的过程，教学既要重视结果，更要重视过程。在思辨性阅读问题教学中，教师要细化教学环节，充分展开阅读思辨的过程,引导学生仔细阅读思考,明确观点与依据,深入研讨辨析,积极分享交流。当然,"问""思""辨"三个基本环节不是截然分开的,只是不同的教学环节侧重点不同而已;"问""思""辨"三个基本环节的顺序也不是一成不变的,教师可以根据文本内容、学生学情在具体教学情境中灵活运用。

二、搭建阅读思辨过程的教学支架

思辨性阅读问题教学核心在于发展学生的思维,但是思维看不见摸不着,这就需要给学生搭建支架,让思维可视化。教学支架是教师为学生掌握和建构知识而提供的支持和帮助,具体包括范例、图表、建议等。在"问""思""辨"教学环节中,教师可以根据学习目标、学习内容和学生学情,给学生提供词卡、思维导图等多种支架,帮助学生充分展开阅读思辨过程,提高阅读思辨的质量。

比如,在上述课例思辨性问题"'我'的表演是否窝囊"的教学过程中,教师可以给学生搭建以下支架:"问"的教学环节,可以给学生提供"问题单",引导学生预习时把自己的疑问写到问题单上,为课堂交流研讨做好准备,也便于教师选择呈现;"思"的教学环节,可以教给学生"批注"的方法,提供"批注"的样例,引导学生抓住关键词句进行圈画批注;"辨"的教学环节,可以给学生提供"词卡"支架("_____:_____"),学生小组交流时可借此概括大家的意见,在冒号的左边写上概括观点的关键词,在冒号的右边写上支持观点的依据,即课文中的关键词,把词卡贴到黑板上,并依据词卡内容展开全班研讨,进行现场辩论。

搭建教学支架的目的,一是让学生思维可视化,提高学生思维的效率;二是帮助学生克服遇到的困难,实现学习目标。教师应根据学习内容的特点和具体学情,适时适量适度地搭建支架,引导学生借助支架开展自主探究与合作学习,而不是借助支架给出问题的答案,更不是以支架替代学生的学习探究。当学生具备完成学习任务的能力时,教师要减少或拆除支架,鼓励学生独立完成学习任务,以不断提高学生自主学习的能力。

三、加强阅读思辨过程的教学反馈

一个系统要有序高效地运行,信息通道要畅通,指令信息要及时准确地传达,还要对运行状态、执行结果及时跟踪反馈。教学活动是师生双向的信息交流活动,教师首先输出教学信息,了解学生对教学信息的反应,然后根据学生反馈的信息调整教学,再次输出教学信息,形成一个闭合系统。在这一闭合系统中,教学反馈具有重要的作用。在思辨性阅读问题教学过程中,教师要对"问""思""辨"三个教学环节进行全程监控,及时进行信息反馈,给予学生指导帮助,以确保思辨性问题的研讨质量。

比如,在统编教材四年级上册课文《一只窝囊的大老虎》的教学过程中,教师可以这样进行教学反馈:"问"的教学环节,教师呈现部分学生预习的"问题单",引导学生梳理哪些是指向全文内容的问题,哪些是指向局部内容的问题,在反馈指导中逐步聚焦"'我'的表演是否窝囊"这个具有思辨性的问题;"思"的教学环节,教师巡视学生阅读批注情况,要关注学生的观点和依据,对个别学生进行反馈指导;"辨"的教学环节,在小组交流、全班讨论过程中,教师要通过点拨、引导等方式及时进行反馈指导,帮助学生深入辨析或总结归纳。

教学反馈对教学活动具有监控、调节、预测等多种作用,是实现教学目标、提高教学效率、保证教学活动良性循环的重要措施。教师要将教学反馈贯穿于整个阅读思辨过程中,不断给予引导、指导,帮助学生加深对课文的理解,提高学生的思辨能力。

第二节　思辨性阅读问题教学方法的选择

教学方法是为了实现教学目标而采用的方法,是教师教的方法和学生学的方法在教学活动中的有机统一。瑞士心理学家皮亚杰认为,真正的学习是学生主动、自发的学习,而不是教师传授的学习;良好的方法可以增进学生的效能,加速他们的心理成长。教学有法,教无定法,贵在得法。针对不同的教学目标和教学内容,选择的教学方法往往不同。为了有效开展思辨性阅读问题教学,需要选择恰当的教学方法。

《义务教育语文课程标准(2022 年版)》在"思辨性阅读与表达"学习任务群的"学习内容"中提出了许多方法。如,第一学段"通过阅读、观察、请教、讨论等方式,积极思考、探究,乐于分享自己解决问题的办法,说出一两个理由"等;第二学段"依据事实和细节,运用口头和图文结合的方式,表达自己的观点和思考""尝试运用列提纲、画思维导图等方式,表达故事中的道理""主动记录、整理、交流自己发现的问题和思考,学习辨析、质疑、提问等方法"等;第三学段"结合校园或社会生活中的实际事例,学习有理有据地口头或书面表达自己的观点""用画思维导图等方式""体会验证、猜想、推理等思维方法"……这为在思辨性阅读问题教学中有效选择教学方法提供了重要依据。

一、在循证实践中开展阅读思辨

循证是遵循证据的意思。循证实践也称为循证学,本意是"基于证据的实践",理念始于 20 世纪末发展起来的循证医学,后来不断向人文社会科学领域延伸,形成了循证教育学、循证管理学等新兴学科。

　　循证学习是循证教育法的核心，主要是通过呈现证据的过程来培养学生分析问题、解决问题，以及提出和流畅表达前后一致的合理的论点的能力。根据安德森等学者修订的布卢姆认知目标"记忆、理解、应用、分析、评价、创造"分层理论，证据也可以分为"训练记忆力的证据、提高理解能力的证据、培养应用能力的证据、提升分析能力的证据、培养评价能力的证据、培养创造性思维的证据"六个层次。不同的学习阶段或思维水平对应着不同层次的证据，教师可以根据不同层次的教学目标指导学生寻找和应用不同层次的证据，同样也可以指导学生寻找和应用不同层次的证据以发展学生的思维，引导学生从表层学习走向深度学习。

　　思辨性阅读问题教学，目的就是引导学生在阅读思辨过程中，学习寻找证据、分析证据、运用证据，形成自己的观点，并有理有据地表达自己的观点，培养理性思维和理性精神。循证是开展思辨性阅读问题教学的重要方法。

　　1. 在文本细读中循证思辨。文本是阅读教学的载体和基础。思辨性阅读问题教学，要引导学生在文本细读中进行深入的思考辨析，从中寻找能证明自己观点的依据，并运用证据表达自己的观点见解。

　　比如，在统编教材四年级上册课文《一只窝囊的大老虎》的思辨性问题"'我'的表演是否窝囊"的教学中，教师不能满足于学生说出"'我'的表演是否窝囊"的观点，而是要引导学生结合文本中的语言文字，把能证明自己观点的理由说清楚：如果认为"'我'的表演是窝囊的"，就要抓住文中"我笨拙的表演""演哥哥的小朋友唉声叹气"等关键词句来证明自己的观点；如果认为"'我'的表演不窝囊"，也要抓住文中"笑声接连不断""不要紧，扮老虎不一定要豁虎跳"等关键词句来证明自己的观点。

　　语文课程是一门学习国家通用语言文字运用的综合性、实践性课程。在思辨性阅读问题教学中，教师要引导学生有条理、有依据地说清楚自己的观点和理由，在培养学生逻辑思维能力的同时，提高学生语言文字理解和表达的能力。

2. 在资料收集中循证思辨。解读文本不能孤立地看文本,还需要了解作者所处的时代、写作的背景和动机,知人论世是文本理解的重要方法。在思辨性阅读问题教学中,教师要引导学生聚焦问题,从时代背景、作者生平、写作背景、内容主题等多个角度,有目的地收集资料并进行推理判断,从而全面深刻地理解文本。

比如,统编教材四年级上册课文《一只窝囊的大老虎》结尾写道:"为什么不会豁虎跳就不能扮演老虎呢? 为什么没豁虎跳就会惹起哄堂大笑呢? 我至今还不明白。"文末作者没有直接说出自己觉得窝囊的原因,给读者留下很大的思考空间。教师可以让学生收集作者叶至善的有关资料,如"我国著名的出版家、科普作家""读小学时,曾因学习成绩不好留级过三次""父亲叶圣陶知道儿子语言表达能力并不弱,知识面也不窄,但不愿意死记硬背,就常常安慰和鼓励他""在父亲的教育影响下,叶至善逐渐对学习有了兴趣,还经常看课外书""叶至善从事编辑和写作的工作,对事物常抱有一种探究、求真的心态,追求至善的文字境界,为少年儿童写了大量优秀科普文章和图书"等。阅读教学中,教师可以引导学生联系课外资料思考作者写作《一只窝囊的大老虎》的意图。有的学生体会到作者写《一只窝囊的大老虎》是为了说明童年时有快乐也有困惑,希望大人对孩子的成长要多理解多鼓励;有的学生认为作者写这篇文章是为了感谢班主任给他表演的机会,至今难以忘怀;有的学生则认为作者想告诉我们,不要从一个角度看问题,要学会从多个角度看问题,学会换位思考的道理。

在思辨性阅读问题教学中,引导学生收集资料形成并证明自己的观点,不仅可以帮助学生全面深刻地理解文本,还可以扩大学生的阅读视野,提高学生收集资料、运用资料的能力。

3. 在联系生活中循证思辨。任何文章都是特定历史条件下的产物,都是作者对生活的理解的反映。阅读教学中,教师要把文本理解与学生的生活紧密联系起来,拓宽学生的思维空间,加深对文本的阅读理解。

比如,在统编教材四年级上册课文《一只窝囊的大老虎》思辨性问题"'我'的表演是否窝囊"的教学中,教师可以引导学生结合自己的生活实际来辩论:有的学生会结合自己的生活观察,认为老虎走路的姿态是多种多样的,没有表演豁虎跳不能说明"我"的表演就是窝囊的;有的学生会结合自己第一次表演的尴尬情景,来说明"我"的表演给观众带来了快乐已经是很大的成功;有的学生会结合自己的生活体验,鼓励"我"只要多锻炼就不会紧张,以后表演一定会成功……教师也可以让学生表演豁虎跳,感受作者表演的不容易,从而辩证地思考"'我'的表演是否窝囊"的问题。

小学生虽然年龄小,但大脑不是一张白纸,他们有自己的生活经验和感受。阅读教学应联系学生生活实际,将学生生活经验作为宝贵的资源,联系生活实际进行循证思辨,加深学生阅读理解,提高学生思辨能力。

二、在多维比较中开展阅读思辨

比较是一种重要的思维方式,也是一种重要的思辨方式。著名教育家乌申斯基认为,比较是一切理解和思维的基础,我们正是通过比较来了解世界上的一切的。叶圣陶先生也说过,阅读方法不仅是机械地解释字义、记诵文句、研究文法修辞的法则,最要紧的还在多比较、多归纳、多揣摩、多体会。

阅读中的比较,就是把内容、形式等相近或相对的多个文本放在一起让学生比较着阅读。比较阅读的作用在于分析文本内容或形式的相同点或不同点,可以更加清楚地认识文本内容或形式的特点,发展学生的思辨能力。比较阅读的方法有很多,如求同比较、求异比较、求全比较等,可以根据教学目标、教学内容等灵活选择运用。

1. 在求同比较中思辨。求同比较,是指比较两个或两个以上的事物,找到它们的相同点或相似点,发现事物之间的联系,把握事物发展的共同规律。在思辨性阅读问题教学中引导学生求同比较,探究文本内容、形式等方面的相同点或相似点,可以促进知识归类,加强知识间的横向联系。

比如,统编教材五年级下册课文《金字塔》是由《金字塔夕照》《不可思议的金字塔》两篇短文组成的:《金字塔夕照》是一篇抒情散文,描写了夕阳下金字塔的奇特景色及作者的遐想;《不可思议的金字塔》是一篇非连续性文本,分为"最大的金字塔——胡夫金字塔""建造金字塔时的古埃及"两个部分。在阅读教学中,可以聚焦"两篇短文都介绍了金字塔的哪些特点"等问题,提供表格等支架,引导学生在求同比较中进行思辨阅读,发现共同点。

相同点 短文	历史悠久		
《金字塔夕照》	古老……		
《不可思议的金字塔》	建于公元前 2600 年左右……		

在表格中,教师可以呈现"历史悠久"的比较项,提供范例支架,其他的比较项让学生自主填写,培养学生独立发现相同点的能力。比如,两篇短文都写到"高大雄伟",《金字塔夕照》中的关键词句有"三座金山"等,《不可思议的金字塔》中有"50 层楼高"等;两篇短文都表达了"赞美之情",《金字塔夕照》中的关键词句有"人间的奇迹""熠熠发光的珍宝"等,《不可思议的金字塔》中有"很高的成就""令人惊叹的建筑成就"等。如果学生求同比较有困难,教师也可以呈现多个比较项,降低学生比较阅读的难度。

在不同文本的阅读中,可以引导学生从遣词造句、布局谋篇、思想情感等方面进行相互比较;在同一文本的阅读中,也可以引导学生就文本不同部分从不同的角度进行比较。既要倡导"举一反三"的教学,培养学生的迁移运用能力;也要倡导"举三反一"的教学,培养学生归纳概括的能力。

2. 在求异比较中思辨。求异比较,是指比较两个及两个以上事物的不同属性,探究事物之间的区别,发现事物的特殊性。思辨性阅读问题教学中引导学生进行求异比较,探究文本内容、形式等方面的不同点,可以培养学生的求异能力。同一个内容不同的作家,或同一个作家不同的内容,在文本主题、语言表达等方面往往有差异。阅读教学中,教师可以运用表格等支架帮助学生比较文本之间的不同点,加深学生对文本的阅读理解,让学生的思辨更深刻。

比如,教学统编教材五年级下册课文《金字塔》,可以聚焦"两篇短文都是介绍金字塔的,它们在表达内容和形式上有什么不同"等问题,让学生开展求异比较阅读,引导学生在思辨中发现不同点。

不同点 短文	写作内容		
《金字塔夕照》	奇特景色,作者遐想		
《不可思议的金字塔》	最大的金字塔,建造金字塔时的古埃及		

同样,上面的表格中可以呈现一个比较项"写作内容",发挥范例的支架作用,引导学生打开思路,从其他角度进行求异比较。比如,两篇短文的语言风格不同,《金字塔夕照》的语言风格"富有诗意""充满情感",《不可思议的金字塔》语言"简练""准确";两篇短文的表达方法不同,《金字塔夕照》运用了"寓情于景"等表达方法,《不可思议的金字塔》运用了"图文结合""列数字""举例子"等表达方法。同样,如果学生求异比较有困难,教师也可以呈现多个比较项,降低比较阅读的难度。

求异比较阅读,还可以让学生聚焦"两篇短文两种不同的写法,你更喜欢哪一种"等问题进行思考辨析:学生可以喜欢《金字塔夕照》,因为短文运用了静态描写、反复渲染等方法描写金字塔在夕阳下的美景,语言优美,情感丰富,让人读后充满遐想;学生也可以喜欢《不可思议的金字塔》,因为短文主要运用列数字、作比较、举例子等方法介绍胡夫金字塔的特点,语言简洁,知识性强,让人读后了解到有关金字塔的许多信息。交流过程中,要鼓励学生根据自己的阅读感受畅所欲言,从自己的角度领会两篇短文各自的特点和作用。

3. 在求全比较中思辨。求全比较,就是在两个或两个以上事物的比较中,对事物的特点进行整合,从而对事物形成全面认识。在思辨性阅读问题的教学中引导学生进行求全比较,可以全面把握文本内容、形式等方面的特点,培养学生整体思维能力。

比如,教学统编教材五年级下册课文《金字塔》,可以聚焦"读了两篇短文,你知道了有关金字塔哪些方面的信息"等问题,让学生把两篇短文中介绍埃及金字塔的信息整合起来,运用表格、资料卡等形式进行归类,从地理位置、外形特点、建造历史、奇特之处等方面完整介绍金字塔,从而对埃及金字塔形成全面的认识。

人对事物的认识总是有局限性的,一个文本不可能把一个事物介绍得十全十美。法国后结构主义批评家克里斯蒂娃提出了"互文性"概念,强调任何一个单独的文本都是不自足的,其意义是在与其他文本交互参照、交互指涉的过程中产生的。在多个文本的阅读中进行求全比较,可以让学生思考更全面、认识更完整。

4. 在求新比较中思辨。求新比较,就是在两个或两个以上事物的比较中,从新的角度认识事物的特点或属性。在思辨性阅读问题教学中引导学生进行求新比较,从文本内容、形式等方面产生新的认识,可以培养学生创新思维能力。

比如,教学统编教材五年级下册课文《金字塔》,可以聚焦"根据课文中的两篇短文,推测金字塔是怎样建成的"这个问题引发学生新的思考:

从文中尼罗河"每年定期泛滥,给河两岸带来肥沃的淤泥"、上游有"采石场遗迹"、古埃及人"掌握了精湛的造船技术"等信息中,可以推测古埃及人可能利用船只将尼罗河上游的石材运到下游建造金字塔;从文中古埃及人"在天文学、数学、几何学、地理学等方面取得了很高的成就""还有石窟陵墓、神庙等多种令人惊叹的建筑成就"等信息中,可以推测古埃及人确有能力建造金字塔这样宏伟的建筑……也可以聚焦"如果你是导游,你会选择哪些内容向游客介绍金字塔"这个问题引发学生新的思考,让学生综合运用两篇短文《金字塔夕照》《不可思议的金字塔》中的信息,结合自己查找的资料,写一份有关埃及金字塔的导游词。这样大胆猜测金字塔的建造过程,采用新的表达方式来介绍金字塔,有助于培养学生综合运用信息进行创造性想象与创新性表达的能力,发展学生的创造性思维。

创新是一个民族进步的灵魂,是一个国家兴旺发达的不竭动力,也是一个人取得成功进步的必备素养。思辨性阅读问题教学,需要多引导学生进行多角度阅读和创意阅读,激发学生的创造潜能。

三、在课堂辩论中开展阅读思辨

辩论是双方用一定的理由来说明自己对事物或问题的见解,揭露对方的矛盾,以探求真知、寻求共识的活动。辩论一般由立论、辩驳、总结三个阶段组成,基本要求是论点明晰、论据充分、反应敏捷、表达清晰、文明礼貌,是培养学生思辨能力极其有效的活动方式。在思辨性阅读问题教学中组织课堂辩论,不仅可以提高学生思维能力,还可以激发学生学习兴趣,提高学生倾听、表达和应对的能力,培养团队合作的精神。

1. 在观点陈述中思辨。立论是辩论的起始阶段,教师要引导学生认真审读思辨性问题,确定自己的观点,通过研读文本、联系生活等寻找证明自己观点的依据。

比如,统编教材三年级下册课文《池子与河流》是一首寓言诗,通过池子和河流的对话表达了不同的人生态度。在学生初读课文、了解大意的基础上,可以聚焦"池子与河流的观点,你更赞同哪一种"等问题,通过课堂辩论引导学生进行阅读思辨。在立论阶段,要鼓励学生大胆陈述自己的观点和依据:同意河流观点的学生,可以引用文章中的"水要流动才能保持清洁""我用源源不断的清洁的水,年年给人们带来利益""可怜的池子却一年年淤塞,整个让青苔铺满,又让芦苇遮掩,到头来完全枯干"等依据说明自己的观点;同意池子观点的学生,可以引用文章中的"亲爱的姐姐,你难道不会疲劳""任凭人世间忙忙碌碌,我只在睡梦中推究哲理"等依据说明自己的观点。

立论阶段,教师应鼓励学生解放思想,勇于表达自己的观点,有理有据地陈述自己的观点和理由,培养学生独立思考的意识和能力。

2. 在质疑反驳中思辨。驳论是辩论的关键阶段,教师要引导学生找到对方观点陈述中的漏洞进行质疑,从文本或生活经验中寻找依据进行反驳。

比如,在上述课例"池子与河流的观点,你更赞同哪一种"的驳论阶段,教师可以引导学生结合文本、联系生活进行质疑反驳:同意河流观点的学生,可以抓住对方"只在睡梦中推究哲理"等进行质疑反驳,只进行空想是不能实现理想的,只有积极实践探案、不断前行的人才能看到美丽的风景,人活着要为他人和社会做贡献等;同意池子观点的学生,可以抓住对方"源源不断"等依据进行质疑反驳,不停地奔流就没有深思熟虑的时间,过度疲劳会影响身体健康,一路奔跑没有时间欣赏风景等。

驳论阶段,教师应引导学生仔细倾听对方的观点及依据,及时发现漏洞进行质疑反驳,培养学生多角度思考问题的能力,培养广阔性、逻辑性和批判性等思维品质。

3. 在总结陈词中思辨。总结是辩论的重要阶段,具有画龙点睛的作用,不能虎头蛇尾、草草收场。教师要引导学生反思、梳理自己的观点和依据,深化对思辨性问题的认识。

比如,在上述课例"池子与河流的观点,你更赞同哪一种"辩论的总结阶段,教师可以引导学生多角度、全方位地总结陈词:河流和池子都是大自然的美景,都值得欣赏;我们既要像河流那样奔腾不息,给人们带来利益,也要像池子那样抽时间休息、思考;不同的人、不同的处境,可以有不同的选择,年纪轻、身体健康时要像河流那样奔腾不息,年纪大、身体不适时可以像池子那样适当放松等。

在总结阶段,教师要引导学生全面、辩证地思考问题,提高学生的思辨能力和认识水平。

第三节　思辨性阅读问题教学空间的拓展

天高任鸟飞。有空间才会有发展的机会,有空间思维才会活跃起来。思辨性阅读问题教学,需要为学生思维发展提供开阔的空间。

一、由单篇文本阅读向多文本阅读拓展

多文本阅读就是围绕一个议题选择一组相关联的文章进行阅读思考,重在让学生在多个文本的阅读过程中进行意义建构。体验不同的体裁、不同的内容、不同的作者和不同的表达方式,多文本阅读会给学生带来丰富的信息和巨大的思考空间,也会给学生带来很多疑惑,容易引发学生思辨。由单篇阅读向多文本阅读拓展,让学生将多篇文章结合起来阅读思辨,有利于培养学生高层次阅读能力。

统编小学语文教材围绕人文主题和语文要素双线组织单元内容,一

个单元精心编排 3—4 篇相关联的文章,为开展多文本阅读思辨提供了有

利条件。教师要强化单元教学意识,积极发挥单元内多篇关联文本的优势,指导学生在多文本阅读中进行思辨。

比如,统编教材六年级上册"走近鲁迅"单元编排了4篇课文:《少年闰土》节选自鲁迅先生的短篇小说《故乡》,刻画了一个少年的形象;《好的故事》是鲁迅先生的一首散文诗,运用象征手法描绘了美好的梦境;《我的伯父鲁迅先生》是鲁迅先生的侄女周晔写的回忆性散文,选取日常生活小事刻画了鲁迅先生在生活中的形象;《有的人》是中国现代著名诗人臧克家写的现代诗,运用对比的手法歌颂了鲁迅的高尚品质。教师可以围绕"鲁迅先生是一个怎样的人"这一核心议题提供支架,让学生通过多文本阅读,全面感受鲁迅先生的形象:在孩子面前他是一个慈爱、风趣的长者,在人民大众面前是一个鞠躬尽瘁的孺子牛,在敌人面前又是一个以文章作匕首的勇敢斗士……为什么鲁迅对不同的人态度有如此巨大的差异呢?通过这样的追问引导学生作更深入的思考。通过不同角度、不同体裁、不同内容的多文本阅读,学生更容易形成对鲁迅先生的全面认识,感受鲁迅先生伟大崇高的精神品质,也更能感受课文风格多样的文学魅力。

多文本阅读中,教师应根据教学需要从主题、内容、体裁、作者、表达方式等角度确定议题,选择关联密切且互文性强的文章,指导学生开展阅读思辨。多文本阅读可以增加学生的阅读数量,提高学生的阅读速度,激发学生阅读兴趣,丰富学生阅读方式,提高学生阅读能力,对全面提高学生阅读素养具有十分重要的意义。

二、由单篇文本阅读向整本书阅读拓展

多读书,读好书,读整本书,是我国传统语文教学的宝贵经验。我国汉代学者刘向说过:"书犹药也,善读之可以医愚。"唐代诗人杜甫说过:"读书破万卷,下笔如有神。"世界著名文学家高尔基也说过:"书籍是人类进步的阶梯。"德国作家歌德则说:"读一本好书,就是和许多高尚的人

69

谈话。"

《义务教育语文课程标准(2022年版)》非常重视整本书阅读,把它列为六大学习任务群之一,指出:"引导学生在语文实践活动中,根据阅读目的和兴趣选择合适的图书,制订阅读计划,综合运用多种方法阅读整本书;借助多种方式分享阅读心得,交流研讨阅读中的问题,积累整本书阅读经验,养成良好阅读习惯,提高整体认知能力,丰富精神世界。"

统编小学语文教材每册都编有一个"快乐读书吧",引导学生由单篇课文学习向整本书阅读拓展,推荐阅读中外童话故事、儿童故事、寓言故事、神话故事、科普读物、民间故事、中国古典名著、世界名著等。相对于篇幅短小的课文,整本书结构复杂、内容丰富、信息量大,为学生阅读思辨提供了更大的空间。

比如,统编教材六年级上册"快乐读书吧"主题是"经历与成长",主要是引导学生阅读与儿童成长有关的中外经典小说,重点推荐阅读苏联作家高尔基的小说《童年》,还推荐了意大利作家亚米契斯的日记体小说《爱的教育》等整本书。指导整本书阅读,教师可以在引导学生梳理整本书内容的基础上,设计思辨性问题,指导深度研讨。比如阅读高尔基的《童年》,可以在初步感受人物特点、理清人物之间关系的基础上,先聚焦外祖父这个人物,引导学生围绕"外祖父真的只有贪婪、暴力、冷漠的特点吗"这一核心问题展开阅读思辨。学生再读书中有关内容后会发现,外祖父也有好的一面,他打完阿列克谢后又"从天而降"般来看望阿列克谢,并给阿列克谢带来好吃的东西,还给阿列克谢讲他曾经当纤夫的经历。然后,让学生思考"小说中还有哪些人物也具有多面性特点",或者引导学生思辨:"如果让你选择书中一个人物陪伴自己共度童年,你会选谁? 为什么?"让学生在多元选择中进行深度思辨。在整本书阅读中开展思辨性问题教学,既让学生认识到人的性格的多面性,习得了从多个角度分析人物形象的小说阅读方法,还让学生认识到世间没有完美的生活,要学会勇敢地面对困难和痛苦,增强生活的勇气和信心。

整本书阅读指导内容梳理是基础,问题讨论是关键。由单篇文本阅读向整本书阅读拓展,思辨性阅读问题教学更能激发学生阅读兴趣,促进学生深度阅读,培养学生的高级思维能力。

三、由单篇文本阅读向项目化阅读拓展

项目化学习是学生围绕源自真实生活的一个特定项目,在一段时间内对富有挑战性的问题进行持续探究,取得项目成果的同时,完成核心知识的再建构和思维技能的迁移的学习方式,是培养学生核心素养的有效方式。项目化学习重在结合现实生活,综合运用多学科知识解决真实问题。驱动性问题是项目化学习的前提,是持续推动学习进程、帮助学生关联学科知识、引导学生开展学习实践、实现知识深度理解的核心要素。

阅读教学中引入项目化学习,目的是引导学生在真实具体的任务情境下开展阅读实践活动。教师可以以思辨性问题为驱动性问题开展项目化阅读。比如,唐朝诗人白居易和宋朝诗人苏东坡都曾在杭州为官,为杭州发展作出了巨大贡献。杭州市政府在西湖边的圣塘闸亭旁立了一组"惜别白公"的雕塑,在西湖苏堤南端的映波桥旁建造了"苏东坡纪念馆"。为了让学生更多地了解白居易和苏东坡,可以组织项目化阅读:收集、阅读白居易或苏东坡在杭州为官时的有关资料,为筹建"白居易纪念馆"、设计展馆内容提出建议,或为"苏东坡纪念馆"展馆内容的优化提出建议。教师可以设计思辨性问题来推进项目化阅读活动:选择筹建"白居易纪念馆"项目的学生,可以讨论杭州应不应该修建"白居易纪念馆",如果要修建,展馆内容应如何设计;选择优化"苏东坡纪念馆"展馆项目内容的学生,可以参观"苏东坡纪念馆",然后讨论展馆内容还存在哪些缺陷或不足,应如何进一步优化等。

项目化阅读以项目为主线,强调综合运用多学科知识、多项阅读技能

完成项目任务,实现知识技能的综合建构,鼓励学生多读多思、多探讨多实践。通过项目化阅读,把阅读与生活、阅读与实践紧密联系起来,能更好地培养学生收集、整理和运用信息解决问题的能力,促进学生核心素养的发展。

第五章
思辨性阅读问题教学课例

　　小学语文教材选文具有典范性，文质兼美，富有文化内涵和时代气息，题材、体裁和风格丰富多样。文体是指独立成篇的文本的体裁。根据不同的分类依据，文体可以分成不同的类型。不同文体的文章，在组织形式和表达方法等方面有着不同的特点。阅读教学中，教师要根据文章的文体特点因文施教，培养学生阅读能力和思辨能力。

第一节　叙事文思辨性阅读问题教学课例

　　叙事性作品是以叙述功能为主的文学作品,通过叙事方式来传达人生的经验和意义。叙事性作品是小学语文教学的基本内容,主要包括童话、寓言、神话、小说等。不同的叙事性作品侧重点不同,有的侧重叙事写人,有的侧重叙事抒情,有的侧重叙事说理。《义务教育语文课程标准(2022 年版)》在"学段要求"中对叙事性作品教学的基本要求是:

学段	学段要求
第一学段	阅读浅近的童话、寓言、故事,向往美好的情境,关心自然和生命,对感兴趣的人物和事件有自己的感受和想法,并乐于与他人交流。
第二学段	能复述叙事性作品的大意,初步感受作品中生动的形象和优美的语言,关心作品中人物的命运和喜怒哀乐,与他人交流自己的阅读感受。
第三学段	阅读叙事性作品,了解事件梗概,能简单描述印象最深的场景、人物、细节,说出自己的喜爱、憎恶、崇敬、向往、同情等感受。
第四学段	欣赏文学作品,有自己的情感体验,初步领悟作品的内涵,从中获得对自然、社会、人生的有益启示。能对作品中感人的情境和形象说出自己的体验,品味作品中富于表现力的语言。

　　叙事性作品教学,教师可以聚焦人物、事件、细节、场景等要素设计思辨性阅读问题,引导学生在阅读思辨中感受人物形象,体会文章的主旨和情感,感悟人物描写等方法及其表达效果。

75

教学课例 1：四年级上册《一只窝囊的大老虎》（第一课时）

《一只窝囊的大老虎》是统编小学语文教材四年级上册第六单元中的课文，单元语文要素阅读方面的要求是"学习用批注的方法阅读。通过人物的动作、语言、神态体会人物的心情"。课文主要讲述"我"在一次班级演出中扮演大老虎，因不会豁虎跳演砸锅、遭到同学责怪的事。文章语言平实质朴，略带风趣幽默，充满生活气息。

浙江省杭州市青蓝小学张一含老师执教的《一只窝囊的大老虎》（第一课时），在 2020 年"浙江省教育学会小学语文教学分会换届年会"教学课例展示中得到与会专家和老师的充分肯定。教学目标和教学过程设计如下：

◎ 教学目标

1. 认识"囊、慕"等生字，把课文读正确、读流利，能抓住主要事件概括文章的主要内容。

2. 能在不理解的地方作批注，并借助批注进行阅读讨论。

3. 结合课文相关语句，说出"我"心情的变化，并结合课文内容及生活经验对"'我'的演出是否窝囊"发表自己的看法。

◎ 教学过程

一、在批注中提出问题

1. 出示课题，指名学生读课题。

点拨："囊"单独一个字时读第二声，在"窝囊"这个词语里读轻声。

2. 出示教材单元导语页及单元课文目录，引导：这是本单元第二篇课文，我们在前一篇课文《牛和鹅》中已经学过了作批注的方法。谁来说说，我们可以从哪些角度给文章作批注？

预设：有疑问的地方，写得好的地方，有启发的地方。

3. 引导：一边阅读一边作批注，是一种很好的阅读习惯。课前大家已经预习了课文，很多同学在有疑问的地方作了批注。老师摘录了一些批注,你有什么发现?

预设:一类是不理解的词语,一类是不理解的课文内容。

4. 引导:我们先一起来看看有关词语的批注。这几个词语有较多的同学不理解,谁来帮忙?

预设:"豁虎跳"是一种类似虎跳的动作。(出示戏剧演员"豁虎跳"视频)

预设:通过查词典,知道"窝囊"的意思是受到委屈,心里烦闷。

5. 引导:刚才我们针对不懂的词语,通过同学的互相帮助,借助查字典、联系上下文等方法解决了问题。再看这些批注,都是同学们对课文内容不理解的地方。

预设:为什么老师要看了"我"半晌才决定让"我"扮演老虎?

预设:为什么老师对"我"的演技不满意,却又不撤换"我"呢?

预设:"我"已经按照老师说的表演了,为什么台下还会一阵哄堂大笑呢?

预设:扮演老虎是不是一定要豁虎跳?"我"的演出是否窝囊……

【点评】学习批注是本单元的教学目标,张老师在课前预习中即让学生尝试批注,课上引导学生回顾学过的批注方法,展示学生预习中的批注,聚焦有疑问的地方,帮助学生分类处理,同伴互助解决不理解的字词,同学交流不理解的内容,为下面的教学作好了铺垫。教学目标集中明确,教学环节自然流畅。

二、在批注中阅读思辨

1. 把握主要内容。

(1) 引导:这篇课文讲了一个什么故事?请大家默读课文,把表格填写完整,也就是用关键语句填写关于"事情"和"心情"的内容。

事情	"我"的心情
	充满自信
"我"在台上正式演出	

（2）展示学生作业，引导：请这两位同学说一说自己在表格中填的"事情"是什么。

预设：轮到我们班表演，老师让"我"扮老虎。

预设："我"想参加表演，"我"扮演老虎。

引导：请同学们比较两份作业，哪位同学填得更好？为什么？

预设：第二个同学填得更好，写的三件事情都是以"我"开头的。因为表格最后一栏是"'我'在台上正式演出"，说明主角是"我"，前两件事最好也用"我"开头。

（3）引导：请大家修改自己填写的"事情"。改好后，把三件事连起来，说一说课文的主要内容。

预设：这篇课文讲了"我"非常想上台表演，在班级演出时扮演老虎，引起观众一阵阵笑声。

2. 了解心情变化。

引导：随着故事的发展，作者的心情有什么变化呢？我们再看两位同学的表格，他们写得比较一致的是"期待表演"，但是表演时的心情写得不一样，一个是"紧张"，一个是"害怕"，大家还有什么想法？

预设：除了紧张、害怕外，还有狼狈、疑惑、窝囊等。

3. 引发阅读思辨。

（1）引导：有同学在预习批注时提出"扮演老虎是不是一定要豁虎跳？'我'的演出是否窝囊"等问题。你觉得作者的演出真的像他自己感觉到的那样窝囊吗？请大家默读课文第17—20自然段"我"正式表演的那部分内容，找到1—2处最能证明你观点的语句，圈出关键词，把你的想法批注在旁边。

（2）引导：大家都已经有了自己的想法，并作了批注。现在，根据自己的观点调整座位。认为"我"的演出窝囊的同学请起立，拿好你的课本和笔坐到左边三组；认为"我"演出不窝囊的坐到右边三组。

（3）引导：我们已经按照观点组成了新的学习小组。到底哪边的观点更具说服力呢？咱们来一场辩论，看谁可以借助批注，有理有据地说清楚观点。请小组交流，准备一下。（出示合作学习要求：①组内交流批注内容；②确定有说服力的理由，讨论并摘录关键词；③把关键词写在词卡上，把词卡贴到黑板上）

4. 开展辩论活动。

（1）引导：（教师梳理学生贴在黑板上的关键词卡）看，这些是认为演出"窝囊"的同学找到的理由，这些是认为演出"不窝囊"的同学找到的理由。下面先请认为"窝囊"的同学借助关键词和批注说说理由。

预设："笨拙"的意思是不灵活，不干脆。"笨拙"这个词语所在的句子是说，"我"已经明白自己笨拙的表演把全场老师、同学都逗乐了，这说明连作者都知道自己演的这只老虎很窝囊。

预设："哄堂大笑"的意思是全屋子的人都在笑。文中"我"笨拙的表演竟然逗笑了所有看演出的人，就说明表演真的很窝囊。

预设："砸锅"的意思就是做得很不好，作者心里想"要是我会豁虎跳，这场戏就不至于砸锅了"，代表"我"扮演老虎很糟糕，太窝囊了。

（2）引导：刚才认为演出窝囊的小组抓住了关键词，结合批注，充分说明了自己的理由。认为演出不窝囊的小组，你们的理由是什么？谁先说？

预设："哄堂大笑"中的笑不一定是嘲笑，也可以是赞许的笑，可能是他的演技很好，把全场都逗乐了，所以说这只老虎不窝囊。

预设："满头满脸都是汗珠"说明"我"很努力，作者在前面写到了老虎皮和老虎头套,脸、手、脚都不露,还有"霉糨糊味儿直冲脑门",说明扮演老虎的服装并不好,但为了演好,作者坚持穿这样糟糕的服装参加训练和表演,这真的不窝囊。

预设:刚刚认为"窝囊"的小组也说了,老虎动作是非常迅速的、灵敏的。作者在表演的时候"立刻弯下身子",说明他表演灵活,并不窝囊。

(3) 引导:老师发现"哄堂大笑""立刻"等关键词,持不同观点的同学都找到了。针对这些关键词,有没有想要反驳对方的?

预设:我想反驳对方对"立刻"的理解。老师推了"我",是想让"我"上台,"我"才立刻弯下身子。如果他不立刻上台的话,那就太磨蹭了,因此"立刻"不能说明他不窝囊。

预设:我要坚持我们对"满头满脸"的理解,我觉得满头满脸都是汗珠,是因为"我"上台时很紧张,而且台下一阵哄堂大笑,使我变得更加紧张。第19自然段中还有一句话是"我总算一直演到了躺下来死掉",这说明"我"虽然紧张但仍然尽力完成演出,这怎么会窝囊呢?

预设:"哄堂大笑"这句话里面还有一个词是"逗乐",可能是因为"我"演得很滑稽,观众们觉得很有意思才笑的,这应该是善意的笑。

小结:对于同一个词语,大家会有不同的想法,批注也不一样。一边阅读一边批注,不仅记录了我们的阅读感受,还帮助我们把观点整理得更清楚。"我"的演出是否窝囊?大家各有各的看法,真是见仁见智,怪不得作者说他自己"至今还不明白"。

【点评】本单元语文要素,一是学习用批注的方法阅读,二是通过人物的动作、语言、神态体会人物的心情。在这个环节中,张老师把两个要素有机统整起来,聚焦"我"扮演的老虎是否"窝囊"这一辩题,引导学生以批注的方式关注人物心情,在确定观点、通过批注寻找证据、借助批注交流辩论的过程中,有效提高了学生阅读批注的能力,加深了课文理解,也提高了思辨能力。

三、在批注中整理提升

1. 引导：读到这里，你们预习时提出的有关课文内容不理解的问题有没有解决呢？现在把你的新想法记录下来，可以是通过刚才的阅读和讨论后得到的启发，也可以是新的疑问。

预设："老师不满意我的演技为什么又不撤换我呢？"我现在知道，老师看到"我"排练时这样认真，这样努力，她相信"我"会演好，所以没有撤换"我"。

预设："台下为什么一阵哄堂大笑？"我原来认为是因为演员演砸了，现在我知道了，这也可能是观众对演员的鼓励，并非嘲笑。

预设："扮演老虎是不是一定要会豁虎跳？"现在我知道了，最好能学会豁虎跳，这样会赢得观众的喝彩和掌声。但如果不会豁虎跳也没关系，只要认真投入地表演就行，也会赢得大家的认可。

2. 小结：这节课，我们借助批注读懂了"我"在正式演出时的感受，解决了同学们提出的部分不理解的问题。下节课，我们再走进故事的前两个部分，结合描写人物语言、动作、神态的语句，继续讨论不理解的问题。相信大家对这只"窝囊"的大老虎，可能还会有新的想法。

【点评】张老师一上课在预习反馈环节就聚焦批注，引导学生对批注进行分类；学习重点段落时，借助批注深入阅读，运用批注进行辩论；结课时让学生反思整理自己的批注，让学生经历了一个提出问题、分析问题、解决问题的过程，教学重点突出，真正做到了"一课一得"。

这节课紧紧围绕单元语文要素"学习用批注的方法阅读"展开，先运用学到的批注方法进行预习，再对预习中作的批注进行分类；然后带着问题阅读，在能证明自己观点的依据旁作批注，借助批注说明自己的观点；最后整理自己的批注，真正让学生在实践过程中学会作批注，把阅读策略学习与文本阅读理解融为一体，很好地达成了在阅读中学会批注、在批注中阅读理解的教学目标。

本课教学中,张老师设计的思辨性阅读问题是"'我'的演出是否窝囊",对学生来说这是一个有挑战性的问题。文中"我"的动作、心情描写,表现出"我"演出很窝囊;跟"我"一起表演的小伙伴"唉声叹气",观众们"哄堂大笑"等,也反映出"我"演出很窝囊。但是,张老师引导学生深入文字背后思考辨析,又从"我"的动作、心情描写中,从老师对"我"扮演的态度,从观众们的笑声中,感受到"我"的表演并不窝囊,很好地深化了学生的阅读理解。

阅读的意义在于读者主动地建构意义,而不是简单地接受文本的观点。问题是学生思辨的导火索,辩论是学生思辨的大舞台。课堂教学中,张老师引导学生用批注的方式记录自己的阅读感受,带着自己的思考和见解参与小组讨论,在全班交流中进一步补充、阐发自己的观点。特别精彩之处是持不同观点的正方和反方都找到了同一处词句,但相同的词句却发掘出不同的理解,点燃了学生思辨的火花,促进了学生思维能力、合作能力和语言表达能力的发展。"尽信书,不如无书",这样的思辨性阅读问题教学,有助于培养学生独立思考的意识和能力。

教学课例2:六年级上册《桥》(第一课时)

《桥》是统编小学语文教材六年级上册第四单元中的课文,单元语文要素阅读方面的要求是"读小说,关注情节、环境,感受人物形象"。课文讲述了一位村支部书记在凶猛的洪水袭来之际,沉着镇静地指挥村民过桥,自己和儿子被洪水吞没的故事。这是一篇六百多字的微型小说,语言简练生动,情节跌宕起伏,结尾出乎意料,人物形象鲜明。

浙江省杭州市文三教育集团汤佳绮老师执教的《桥》(第一课时),在2019年"浙江省小学语文学科教学评审活动"中获得一等奖。教学目标和教学过程设计如下:

◎ 教学目标

1.借助单元导语页、鱼骨图,初步了解小说通过环境、情节来表现人物形象的表达特点。

2.抓住人物言行描写,绘制情节发展图,在情节发展及矛盾冲突中感受老汉大公无私、爱子情深等品质。

3.初步学习关注情节阅读小说的方法,激发阅读小说的兴趣。

◎ 教学过程

一、梳理内容,了解小说的基本特点

1.明确学习要求。

出示课题,导入:今天,我们一起来学习《桥》这篇课文。请同学们读一读单元导语页,说说你知道了什么。

预设:从"小说大多是虚构的,却又有生活的影子"中知道,《桥》是一篇小说。

预设:读小说,要关注情节、环境,感受人物形象。

2.梳理小说内容。

默读课文,整体感知小说内容。

引导:明确了学习要求,让我们默读《桥》这篇小说,关注小说中的环境和情节,试着填写下面的鱼骨图。

3.根据课文内容填空。

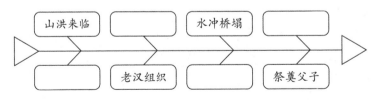

(1) 交流反馈,梳理内容。

山洪来临——<u>水深没腿</u>——水冲桥塌——<u>洪水退去</u>

<u>人们惊慌</u>——老汉组织——<u>父子牺牲</u>——祭奠父子

预设:"洪水退去""人们惊慌""父子牺牲",这三处学生可能会填写"洪水退了""人们奔跑"等词语,意思接近即可,要充分尊重学生。

预设:"水深没腿",这一处学生可能会填写"涌向木桥"等词语,要引导学生观察比较,发现思维导图上面一行是环境描写,有错的及时修改。

(2) 多向观察,了解小说的表达方法。

引导:请同学们仔细观察这张鱼骨图,说说有什么发现。

预设:横向看图,上面一行是环境,下面一行是情节,中间轴指向课文的主要人物——老汉。

预设:纵向看图,上面的环境和下面的情节是相互关联的。

小结:环境、情节和人物是小说的三要素。读小说,我们要关注情节、环境,感受人物形象。

【点评】不同文体的文本,学习内容、学习方法各不相同。统编语文教材编排了童话、寓言、神话、民间故事、小说等文体单元,阅读教学要因文施教、依体而学。情节、环境、人物是小说的三要素,人物是小说的核心,环境是小说的依托,情节是小说的骨架。汤老师巧妙选用思维导图中的"鱼骨图",引导学生梳理小说的情节和环境,把握小说的主要内容,初步感受了小说的基本特点。

二、聚焦情节,深入感受人物形象

1. 抓住人物描写关键词句,绘制情节图。

(1) 独立学习,研读情节。

引导:读小说要关注情节,请同学们默读直接描写老汉的两个情节"指挥过桥"和"父子牺牲",选择老汉语言、动作描写中的一个方面,圈画关键词句,在文中作批注。

(2) 自由分组,合作绘图。

自由分组:选择语言描写的一组,选择动作描写的一组,如果还有其他选择的单独一组。

　　小组合作:每人先说说自己圈画的关键词句和作的批注,再合作绘制情节图(教师提供小锦囊,锦囊里有曲线图、情节梯等思维导图,学生可以参考),完成后张贴到黑板上。

　　2. 交流情节图,感受人物形象。

　　(1) 展示聚焦动作描写的情节图,分组汇报,交流想法。

　　① 引导:请同学们先看从动作描写角度绘制的情节图,仔细比较,有什么相同和不同的地方?

　　预设:共同之处——有很多动词(站、揪、推……);情节有起伏变化……

　　预设:不同之处——形状不同;同一动词在图形中位置不同……

　　② 聚焦"揪"字,在矛盾冲突中感受人物形象。

　　引导:你们组为什么把"揪"这个动作写在情节图的最高处? 你们感受到老汉是一个怎样的人?

　　预设:洪水来临,老汉在面临群众和党员、自己和儿子的生死抉择时,毫不犹豫地把生的希望给了群众,我们感受到了一个大公无私、一心为民、不徇私情的老支书形象。(根据学生交流的感受,在词卡上随机写下体现老汉老支书形象的词语,贴到黑板上)

　　③ 聚焦"推"字,在情节发展中进一步感受人物形象。

　　引导:老汉揪出小伙子的情节已经非常感人,小说为什么还要写老汉推小伙子过桥的情节? 可以不写吗?

　　预设:在面临自己和儿子的生死抉择时,老汉把生的希望给了儿子,我们感受到了一个爱子情深的父亲形象;如果不写"推"的情节,我们就体会不到老汉的父爱。(根据学生交流的感受,在词卡上随机写下体现老汉慈父形象的词语,贴到黑板上)

　　预设:"揪"的情节让我们感受到一个伟大的老支书形象,"推"的情节让我们感受到一个高大的慈父形象。两个情节都写,让我们感受到完整

85

全面的老汉形象。

　　小结：在"揪"和"推"的情节发展及矛盾冲突中，老汉形象越来越丰满，越来越高大。

　　（2）展示聚焦语言描写的情节图，小组汇报，交流想法。

　　课件出示描写老汉语言的词句，交流在语言描写中感受到的老汉形象。

> "桥窄！排成一队，不要挤！党员排在后边！"
>
> "可以退党，到我这儿报名。"
>
> "你还算是个党员吗？排到后面去！"
>
> "少废话，快走。"

　　在情境中指导学生朗读，深入感受老汉形象。

　　① 在学生自由练习朗读的基础上，指导学生关注老汉语言中的感叹号和短句形式。

　　② 师生配乐合作朗读：老师读描写老汉动作的句子，学生读描写老汉语言的句子。

　　小结：通过对情节中语言和动作描写的深入学习，我们感受到了一个伟大的老支书的形象，感受到了一个高大的父亲的形象，真是感人肺腑。法国著名文学家伏尔泰说过，情节必须是动人的，因为一切的心灵都要求受到感动。

　　【点评】为了引导学生更好地关注情节、感受人物形象，汤老师设计了"绘制情节图"的学习活动，先让学生从语言、动作描写等方面选择一个独立学习；再根据学生所选内容重新分组，讨论绘制情节图；最后在小组汇报的过程中引导学生探究，发现小组绘制的情节图的相同和不同之处，深入感受人物形象。这样的教学设计，改变了问答式、讲读式教学模式，让学生在自主合作中学语文，在语文实践中学语文，充分发挥师生双方在教学中的主动性和创造性,促进了学生语文素养的整体提高。

三、课堂小结,激发阅读小说的兴趣

小结:今天,我们从关注小说要素的角度阅读了《桥》这篇小说,重点抓住情节的发展及矛盾冲突,感受人物形象。本单元是小说单元,教材编排了《桥》《穷人》等三篇小说,还在"快乐读书吧"栏目中推荐了《童年》《小英雄雨来》《爱的教育》等小说,希望同学们读小说时,能关注情节,借助情节图,更好地感受人物形象。下节课,我们讨论环境描写对情节发展和表现人物形象的作用。

【点评】叶圣陶先生指出,语文教材无非是例子,凭这个例子要使学生举一反三,练成阅读和作文的熟练技能。在结课环节,汤老师总结了本课学习内容和方法,还提示学生要运用本节课学到的方法去阅读本单元其他课文,还要在课外阅读中自觉运用,增强学生学方法、用方法的意识,培养学生独立阅读的能力。

这节课紧紧围绕单元语文要素"读小说,关注情节、环境,感受人物形象"而展开,从初读课文、填写思维导图、把握小说三要素特点,到精读课文、绘制情节变化图、从情节发展中感受人物形象,让学生了解了小说的文体特征,初步学会了小说阅读的方法。

本课教学中,汤老师设计的思辨性阅读问题是:"老汉揪出小伙子的情节已经非常感人,小说为什么还要写老汉推小伙子过桥的情节?可以不写吗?"引导学生比较、分析、推理、评价,从中发现小说情节对表现人物形象的作用。

"吟安一个字,捻断数茎须。"为了更好地表达自己的观点,作者往往在遣词造句、布局谋篇等方面煞费苦心。阅读教学中,教师可以设计"这句话中这个词可以换成其他的词语吗""这句话中这个词可以删去吗""这段话中几个句子可以调换顺序吗""这段话中这个句子可以删去吗""这篇文章中这几段话可以调换顺序吗""这篇文章中这段话可以删去吗"之类

的问题,引导学生进行阅读思辨,从而深入体会文章内容与形式的关系,感悟文章表达形式的秘密。

教学课例 3:六年级上册《穷人》(第一课时)

《穷人》在原人教版小学语文教材中是六年级上册第三单元的课文,单元阅读教学要求是"学习本组课文,要在读懂课文、体会情感的基础上,学习作者是如何通过对环境、人物心理活动等方面的描写,抒发美好情感的";在统编小学语文教材中是六年级上册第四单元中的课文,单元语文要素阅读方面的要求是"读小说,关注情节、环境,感受人物形象"。这篇课文是俄国著名作家列夫·托尔斯泰的一篇短篇小说,主要记叙了桑娜和渔夫主动收养刚刚病故的邻居西蒙的两个孤儿的故事,赞美了桑娜和渔夫在自身生活困难的情况下仍然向别人伸出援手的可贵品质。文章写作特色鲜明,通过对桑娜心理活动的描写真实地展现了她矛盾的内心世界,刻画了一个充满爱心的劳动妇女的形象;通过对桑娜和渔夫的对话等的描写,表现了渔夫勤劳、直爽、乐于助人等特点。

浙江省杭州市崇文实验学校汪玥老师执教的《穷人》(第一课时),在2011年"浙江省第九届小学语文青年教师课堂教学评审活动"中获得一等奖。基于原人教版教材六年级上册第三单元阅读教学要求,教学目标和教学过程设计如下:

◎ 教学目标

1. 正确认读"隔板、勉强、蜷缩"等词语,正确书写"魁"字;梳理小说中的人物,简要概括课文的主要内容。

2. 抓住"忐忑不安、揍"等关键词语,运用联系上下文、结合时代背景、有感情朗读等方法,理解桑娜担心、害怕等矛盾的心理活动,感受桑娜宁可自己吃苦也要帮助别人的品质。

3. 领悟作者通过心理描写塑造人物形象的方法,尝试描写桑娜抱走两个孤儿前的心理活动,并通过反诘比较,进一步感受桑娜善良的品质。

◎ 教学过程

一、检查预习,了解小说内容

1. 导入:今天,我们来学习一篇小说《穷人》。课前大家预习了课文,不知你们预习得怎样。请完成作业单上的任务:

(1) 给带点字选择正确的读音,打"√"。

(2) 圈出下面词语中的错别字,把正确的写在括号里。

(3) 小说中写到了哪些人物? 打"√"。

2. 交流作业单。

预设1:"勉强"中的"强"读第三声,"蜷缩"中的"蜷"读"quán"。

预设2:"魁梧"中的"魁"字,注意不要少了"撇折点"。

预设3:"丈夫"和"渔夫"是同一个人。

3. 概括主要内容。

引导:课文讲了渔夫、桑娜和西蒙之间的什么事? 抓住人物之间的关系,说说小说的主要内容。

预设:渔夫和桑娜一家生活十分穷苦,发现邻居西蒙死了,就主动收养了她的两个孩子。

小结:理清主要人物之间的关系,能够帮助我们概括小说的主要内容。

【点评】中高年级的阅读教学,学生预习得怎样? 学生的起点在哪里? 怎样把学生预习和教师教学有机对接? 汪老师设计了多种形式、操作简便的作业练习,既检查了学生的预习情况,落实了字词教学,又渗透了阅读方法,引导学生抓住小说中的主要人物概括主要内容,有助于提高学生自主阅读的意识和能力。

二、紧扣忐忑不安,读懂心理活动

1. 快速默读课文,关注心理描写。

引导:读小说,只了解主要人物和情节还不够,还要走进人物的内心

89

世界。这节课,我们一起来了解桑娜这个人物。人物描写有语言、动作、神态、外貌、心理等描写方法,请同学们快速默读课文第 1—11 自然段,看看作者用得最多的是什么描写,在文中用横线画出来。

预设:课文中描写最多的是桑娜的心理活动。

引导:这些心理描写中,与众不同的是哪一处? 特别在哪里?

预设:桑娜脸色苍白,神情激动。她忐忑不安地想:"他会说什么呢? 这是闹着玩的吗? 自己的五个孩子已经够他受的了……是他来啦? ……不,还没来! ……为什么把他们抱过来啊? ……他会揍我的! 那也活该,我自作自受……嗯,揍我一顿也好!"(省略号、问号、感叹号特别多)

2. 关注人物心情,理解"忐忑不安"。

引导:自由读这段课文,你能读出桑娜的哪些心情? 用表示心情的词语进行批注。

预设:紧张、激动、慌张、焦急、害怕、纠结、忧心忡忡、矛盾……

引导:课文用了哪个词写出桑娜这么复杂的心情的? 这个词有什么特点?

预设:忐忑不安。忐忑不安的"忐、忑"两个字,上下结构,上边分别是上、下,底下都是心,说明心里七上八下的,心神非常不安。

引导:桑娜这么复杂的心情,你是通过哪些词句感受到的? 找到一处反复朗读,把你体会到的心情通过朗读表现出来。

预设:从"他会说什么呢? 这是闹着玩的吗? 自己的五个孩子已经够他受的了……"读出了担心,因为丈夫不顾惜身体,冒着寒冷和风暴出去捕鱼,她自己也从早到晚地干活,还只能勉强填饱肚子;孩子们日渐长大,丈夫的负担也越来越重,平时家里也只能吃黑面包……

引导:此时,桑娜的心中可能会出现哪个画面? 在哪个自然段? 一起读读这段,读出桑娜家的贫穷。

引导:是啊,桑娜家里太穷了,自己的五个孩子已经够他们受的了,还要把西蒙的两个孩子抱回来……此时此刻,她的心里还会怎么想?

预设:从"他会揍我的! 那也活该,我自作自受……嗯,揍我一顿也好!"读出了桑娜从害怕到下定决心的心情变化。

引导:这一段中有几个"揍"字? 有没有读出不一样的心情? 谁来读一读?

预设:第一个"揍"含有担心害怕等心情,第二个"揍"含有心甘情愿等心情。

引导:托尔斯泰不愧是擅长描写心理活动的大师,寥寥几笔,加上几个省略号,就把桑娜忐忑不安的心理活动写出来了。托尔斯泰想用这段心理描写告诉我们桑娜是一个怎样的人?

预设:心地善良,有同情心,一心替别人着想……

【点评】这篇小说最感人的就是心理描写,学习作者通过心理描写表现人物特点的方法也是本单元阅读教学的目标。汪老师抓住桑娜抱回孩子"忐忑不安"的心理,有层次地推进教学过程:从字形分析上了解"忐忑不安"的意思,初步感受桑娜矛盾的心情;从关键字词、标点符号中体会桑娜复杂的心情;通过深情而富有个性的朗读,感悟桑娜美好的心灵。汪老师从语言文字入手,引导学生关注课文的表达方式,从中感受人物的品质,很好地体现了工具性与人文性相统一的语文课程特点。

三、尝试心理描写,升华人物品质

1. 想象写话。

引导:让我们也来学学托尔斯泰,试着写写人物的心理活动。桑娜来到西蒙家里,看到西蒙死了,两个孩子睡得正香甜。此时,桑娜可能会想些什么? 请写下她的心理活动,试着也用上省略号、问号或感叹号。

预设:他们的母亲已经死了,让我来养活他们吧! ……可是丈夫会责怪我的……那也不管了,不能让他们和死人在一起啊!

预设:多么可爱的孩子啊! 只可惜……唉! 他们还那么小,把他们抱

91

回去吧！可怜的孩子啊！

2. 反诘比较。

引导：同学们在这里写了这么多感人的心理活动。托尔斯泰擅长心理描写，这儿为什么一句也没有写？

预设：因为当时桑娜想都没想就把两个孩子抱了回去，抱回孩子是桑娜的第一反应，更能说明桑娜非常善良。

预设：我觉得桑娜是不顾一切的，她只想救孩子。

小结：是啊！桑娜抱回孩子的时候是不顾一切的，这就是与生俱来的善良，这就是深深刻进灵魂的善良。托尔斯泰曾经说过这样一句话："没有单纯、善良和真实，就没有伟大。"让我们一起来读。

3. 课堂延伸：下节课，我们来研究渔夫这个人物，讨论课文为什么以"穷人"为题。

【点评】学习语言文字运用是语文学习的目的。在阅读中习得语言表达方法后，汪老师及时引导学生想象桑娜抱回孩子前的心理活动，并尝试用上省略号、问号、感叹号，巧妙地实现了语言表达形式的迁移运用。这样教学，把阅读与表达有机结合起来，提高了学生的读写能力，还能加深对人物形象的认识，使桑娜的形象深深地印入学生脑海中。

这节课，汪老师根据小说的特点，聚焦人物的心理描写展开教学，从初读课文、发现文章中的心理描写，到精读课文、研究心理描写中人物的情感，最后学习心理描写、深入体会人物的情感，从读到写，以写促读，有效提高了学生的读写能力和人文素养。

本课教学中，汪老师设计的思辨性阅读问题是"同学们在这里写了这么多感人的心理活动。托尔斯泰擅长心理描写，这儿为什么一句也没有写"。这里运用了反诘的方式，引导学生阅读思辨。学生从桑娜的心理描写中感受到桑娜的美好品质，体会到心理描写的好处。老师让学生想象桑娜看到西蒙死了、两个孩子睡在西蒙身边时的心理活动，学习课文心理描写的方法写下来。学生移情体验,在表达中进一步感受了桑娜的美好品质。接着,汪老师突然反诘"托尔斯泰擅长心理描写,这儿为什么一句也没有写",这就引发了学生的认识冲突,进而感受到桑娜把西蒙的两个孩子抱回家几乎是不假思索的自然行为,是桑娜骨子里的善良品质使然。这样的教学让学生进一步体会到,心理描写很重要,有心理活动时就描写心理活动,没有心理活动时就不要刻意描写心理活动,心理描写是为塑造人物形象服务的。

反诘是用疑问的形式表达确定的意思,不仅有反问的意味,还有追问、责问的意味,是引导学生思辨的重要方法。阅读教学中,教师经常会利用反诘来分析重难点,理清思维,让课堂更出彩。好的反诘会让学生产生茅塞顿开、柳暗花明的感觉,让课堂教学向纵深发展。

教学课例4:六年级上册《月光曲》(第一课时)

《月光曲》是原人教版小学语文教材六年级上册第八单元的课文,单元阅读教学的要求是"学习本组课文,要注意体会课文表达的感情,欣赏各种艺术形式的美,培养热爱艺术的情操,还要学习作者展开联想和想象进行表达的方法";在统编小学语文教材中是六年级上册第七单元中的课文,单元语文要素阅读方面的要求是"借助语言文字展开想象,体会艺术之美"。这篇课文主要讲述德国著名音乐家贝多芬为穷鞋匠兄妹俩弹琴并即兴创作《月光曲》的传说。文章主要通过对话描写来展开故事情节,表达人物的情感,让读者了解《月光曲》创作的灵感来源。对《月光曲》的内容、情感和意境,作者没有直接描写,而是借鞋匠的联想和想象表达出来,让读者仿佛进入了乐曲营造的美妙境界。

浙江省杭州市临平第一小学蒋军晶老师执教的《月光曲》(第一课时),在2006年"全国第六届青年教师阅读教学观摩活动"中获得一等奖。基于原人教版教材六年级上册第八单元阅读教学要求,教学目标和教学过程设计如下：

◎ 教学目标

1. 正确读写并理解"蜡烛、茅屋、清幽、盲姑娘、琴键"等词语，正确、流利地朗读课文。

2. 了解贝多芬创作《月光曲》的经过，简要地概括文章的主要内容。

3. 在质疑理解、有感情地朗读、想象写话等语言实践中，体会贝多芬在创作过程中思想感情的变化并了解变化的原因，感受贝多芬博大的情怀，体会音乐的魅力。

◎ 教学过程

一、听写词语，概括内容，引出问题

1. 听写词语。

导入：今天这节课，我们学习《月光曲》这篇课文。同学们课前已经预习过，课文中有许多生字新词，大家预习得怎么样呢？我们先听写词语，注意按老师的提示来听写：

（1）这篇课文是一个传说故事，请写下"传说"这个词；这个传说讲的是《月光曲》这首曲子是怎样谱写成的，请写下"谱写"这个词。

（2）接下来，我们听写一组词语："盲姑娘、蜡烛、琴键"，注意"盲、烛、键"都是生字，不要写错。

（3）最后，听写的词语是"清幽"。你们觉得清幽的月光是怎样的？根据"幽"在字典中的解释："①隐蔽的，不公开的；②僻静，深远，昏暗；③沉静"，说说"清幽"中的"幽"应该取哪一种解释。

重点反馈：注意"盲""琴"字不要多一点；"蜡烛"中的"蜡"是虫字旁，不要写成火字旁，"蜡"最初的意思是动植物的油。

2. 概括主要内容。

引导：这篇课文具体讲了一个什么传说故事呢？请你选择刚才听写的一个或几个词语来说一说。

预设:课文讲了贝多芬走进茅屋给盲姑娘弹琴,借助清幽的月光即兴创作《月光曲》的传说故事。

引导:艺术创作需要灵感。究竟是什么打动了贝多芬,让他创作出不朽名曲《月光曲》?

【点评】字词教学是小学语文教学的基础,这节课的教学从听写词语开始,充分体现了蒋老师对字词教学的重视。听写词语不是老师报一个词语,学生听写一个,而是在语境中进行,根据音形义的特点进行听写,便于学生识记。词语听写后,蒋老师还让学生选择其中一个或几个词说说课文写了什么事,从而有效地运用了听写的词语,把握了文章的主要内容。

二、分析问题,自主感悟,有感情地诵读

1. 引导:请同学们默读课文,在文中用横线画出最能打动贝多芬的句子,思考:究竟是什么打动了贝多芬,让他创作出不朽名曲《月光曲》?

2. 交流,重点指导学生学习两段对话。

(1) 研读盲姑娘和哥哥的对话。

呈现课文片段:

一个姑娘说:"这首曲子多难弹啊! 我只听别人弹过几遍,总是记不住该怎样弹。要是能听一听贝多芬自己是怎样弹的,那有多好啊!"一个男的说:"是啊,可是音乐会的入场券太贵了,咱们又太穷。"姑娘说:"哥哥,你别难过,我不过随便说说罢了。"

引导:贝多芬听到哪一句话就心动了? 他从这一句话中听出了什么?

预设:从"要是能听一听贝多芬自己是怎样弹的,那有多好啊"这句话中,贝多芬听出了盲姑娘热爱音乐。——引导:谁来读一读这个句子,读出盲姑娘对音乐的热爱?

预设:从"哥哥,你别难过,我不过随便说说罢了"这句话中,贝多芬听出了盲姑娘很懂事。——引导:同桌分角色朗读,读出盲姑娘的懂事,读出兄妹之间相互理解的情感。

小结:盲姑娘这么贫穷,但是这么热爱音乐,又这么懂事,贝多芬被深深感动了,所以走进茅屋,为盲姑娘弹了一首曲子。

(2) 研读盲姑娘和贝多芬的对话。

呈现课文片段:

盲姑娘听得入了神,一曲弹完,她激动地说:"弹得多纯熟啊! 感情多深哪! 您,您就是贝多芬先生吧?"贝多芬没有回答,他问盲姑娘:"您爱听吗? 我再给您弹一首吧。"

引导学生质疑:读了盲姑娘和贝多芬的对话,有什么问题想问?

预设:盲姑娘什么也看不见,也没有现场听过贝多芬弹奏,为什么听完曲子就猜到眼前给她弹琴的人就是贝多芬?

预设:贝多芬弹一首曲子已经满足了盲姑娘的心愿,为什么还要再弹一首?

预设:贝多芬为什么和盲姑娘说话时用两个"您"字? 是不是语文书上印错了?

预设:贝多芬为什么不回答盲姑娘的问题?

组织学生四人小组合作学习:每个小组选择一个问题,阅读讨论,并选派代表发言。合作学习后,全班交流。

预设:盲姑娘一听就知道眼前弹琴的人就是贝多芬,说明了盲姑娘不仅爱音乐,而且十分懂音乐。

预设:贝多芬没想到盲姑娘这么懂音乐,被深深打动了,于是又即兴创作一曲,这就是《月光曲》。

预设:贝多芬没有把盲姑娘当晚辈,而是把盲姑娘当知音了,所以和盲姑娘说话就用了两个"您"字。

预设:贝多芬没有回答盲姑娘,因为贝多芬是音乐家,内心的激动是用旋律来表达的……

【点评】蒋老师围绕一个主问题,抓住两次对话,引导学生深入阅读思考,课堂教学主线明晰,整体感强。教学主问题从贝多芬的角度提出,有利于学生移情体验,走进贝多芬的内心世界。不同的语段采用了不同的教学方式,盲姑娘与哥哥的对话用感情朗读法,盲姑娘与贝多芬的对话用质疑探究法,教学方式灵活多样,有助于激发学生的阅读兴趣。

三、想象写话,解决问题,欣赏音乐

1. 想象写话。

引导:同学们,贝多芬此时心潮澎湃,决定再弹一曲。就在这时,一阵风把蜡烛吹灭了,月光照进窗子,贝多芬望了望站在他身旁的兄妹俩,借着清幽的月光,按起琴键来。贝多芬此时心里会想些什么?请同学们联系上下文展开想象,把贝多芬的内心想法写下来。

2. 交流反馈。

预设:贝多芬心想,盲姑娘是多么懂事,多么热爱音乐啊! 让我满足她的愿望,再给她弹一首曲子吧!

预设:贝多芬心想,知音难觅啊,虽然我没有力量让她的眼睛重见光明,但我能用音乐把她的心照亮……

3. 小结:对一个音乐家来说,还有什么比找到知音更幸福的呢! 贝多芬曾经立下誓言:"我的艺术应当只为贫苦的人造福。"他还曾经说过:"我为什么要作曲,因为我有很多想法要释放出来。"贝多芬用音乐,用《月光曲》释放了自己心中的情感。同学们,听!"月亮正从水天相接的地方升起来。微波粼粼的海面上,霎时间洒满了银光……"(播放《月光曲》音乐,师生配乐朗读)下节课,我们继续学习课文,要借助语言文字展开想象,感受音乐之美。

【点评】留白是我国传统艺术的重要表现手法之一。绘画中留白,无画处皆成妙境;文学中留白,言有尽而意无穷。贝多芬为什么弹完一曲后又弹一曲呢? 课文中没有明确地写出来,这就给读者留下很大的想象空

间。蒋老师抓住课文中这一处留白,让学生想象贝多芬的心理活动,走进贝多芬的内心世界。学生在想象写话中,就会以情体会情,以心感受心,把自己当成贝多芬,体会伟大音乐家的博大胸怀。这样的教学有效地培养了学生的理解能力,发展了学生的想象能力,也提高了学生的表达能力。

这节课,蒋老师围绕主问题"艺术创作需要灵感。究竟是什么打动了贝多芬,让他创作出不朽名曲《月光曲》",有层次地展开教学。首先是在概括主要内容的基础上提出问题,接着是抓住两段对话描写来分析问题,最后是在展开想象进行写话中进一步明白原因,让学生经历了提出问题、分析问题、解决问题的过程,很好地培养了学生的问题意识和解决问题的能力。

本课教学中,思辨性阅读问题是在学生"读了盲姑娘和贝多芬的对话,有什么问题想问"的基础上提炼出来的,主要是"贝多芬为什么和盲姑娘说话时用两个'您'字? 是不是语文书上印错了"。"你"和"您"都是第二人称,"你"是普通称谓,适用于平辈之间,也适用于长辈对晚辈、上级对下级的语境;"您"是尊敬称谓,适用于晚辈对长辈、下级对领导的语境。课文中,盲姑娘对贝多芬说:"您,您就是贝多芬先生吧?"连用两个"您"字,表达了盲姑娘对贝多芬的崇敬。贝多芬问盲姑娘:"您爱听吗? 我再给您弹一首吧。"从用词的规范性来说,这里就引发了学生的认知冲突。通过深入思考辨析,学生理解了贝多芬没有把盲姑娘当作晚辈,而是当作知音,用两个"您"字是表达对盲姑娘的敬意。

叶圣陶先生在《语文教学二十韵》中说:"一字未宜忽,语语悟其神。惟文通彼此,譬如梁与津。"阅读教学中,教师要善于引导学生抓住陌生化、特殊的表达方法,引导学生进行阅读思辨,培养学生语言品味能力,发展学生的语言敏感和艺术思维。

教学课例5:六年级下册《骑鹅旅行记(节选)》

《骑鹅旅行记(节选)》是统编小学语文教材六年级下册第二单元中的

课文,单元语文要素阅读方面的要求是"借助作品梗概,了解名著的主要内容。就印象深刻的人物和情节交流感受"。课文描述了尼尔斯变成小狐仙后受尽动物们的嘲笑、恐吓和追逐,最后为了留住要跟大雁飞走的雄鹅而被带上高空的故事。这是一篇略读课文,学习提示是:"读读下面这个片段,说说小男孩尼尔斯变成小狐仙之后,他的世界发生了什么变化。作品中还有许多有趣的故事,如'鹤之舞表演大会''大海中的白银',猜猜它们又将讲述怎样的神奇。有兴趣的话可以找来原著读一读。"

浙江省杭州市文三教育集团汤佳绮老师执教的《骑鹅旅行记(节选)》,在 2020 年"第二届全国统编小学语文教科书优质课推荐活动"中被评为"优质课",并作现场说课展示。教学目标和教学过程设计如下:

◎ 教学目标

1. 通过预学交流,了解尼尔斯变成小狐仙后他的世界发生的变化,并能就印象深刻的情节和人物交流感受。

2. 运用已学阅读名著的方法,通过个体研读、小组合作,能多角度评价作品中的人物,感受尼尔斯既淘气顽皮又勇敢、善于反思、体贴父母等多面特点。

3. 借助月录猜想故事情节,借助故事梗概印证故事情节,产生阅读原著的兴趣。

◎ 教学过程

一、基于预学,围绕"变",梳理内容

1. 回顾方法,唤醒名著阅读经验。

导入:同学们,五年级时我们就尝试走进中国古典名著。六年级,又跟随鲁滨逊在荒岛求生,走进外国文学名著。相信通过这些名著的阅读,同学们已经积累了一些名著阅读经验,谁和大家分享一下?

预设:了解创作背景,联系作者生平,结合影视作品……

引导:今天,让我们带着这些方法走进一部瑞典的童话名著——《骑

鹅旅行记》。课文是这部名著的节选,(呈现原著目录)同学们看看原著的目录,猜猜课文可能节选自原著的哪一个部分。(开头)

2. 交流预学,初步梳理尼尔斯的变化。

(1) 出示学习提示,明确学习任务。

引导:尼尔斯变成小狐仙之后,他的世界发生了哪些变化?

(2) 比较预学成果,梳理尼尔斯的变化。

① 发现异同:同学们,昨天大家已经预学了课文。老师选择了三位同学的预学单,请仔细观察,他们的梳理有什么相同和不同?

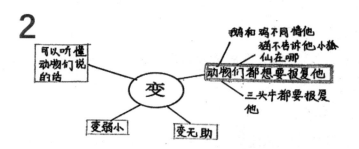

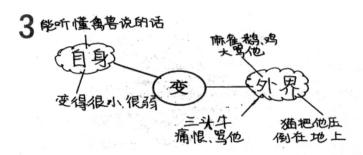

② 反馈交流。

预设相同点:尼尔斯变小、变弱,能听懂动物说话,被小动物报复……

预设不同点:

学习单1:将动物报复尼尔斯的行为一一列举。

学习单2:将动物行为先整合成"动物们都想要报复他",再用分支梳理每种动物的表现。

学习单3:将发生在尼尔斯身上的变化整合为"自身的变化",将动物们的报复行为整合为"外界的变化",即将所有的变化进行了归类。

小结:运用整合和分类的方式,可以将有关变化的信息梳理得更加清晰明了。通过梳理,我们发现尼尔斯变成小狐仙后,他的世界发生了巨大的变化,他变小、变弱,能听懂动物说话了,同时也从欺负动物变成被动物报复了,最后尼尔斯骑着鹅飞走了。一篇近3000字的长文,我们围绕一个"变"字梳理出几个情节,清楚地了解了主要内容。

【点评】汤老师通过图示支架,给学生对尼尔斯的变化进行不同方式的梳理留出空间,引导学生在观察比较中领悟整合和分类的思维方式,培养学生整理信息的能力。同时,抓住一个"变"字,引导学生梳理故事情节,把握长文章主要内容,渗透了读懂长文章内容的方法。

二、回读情节,聚焦"变",畅聊精彩

1. 提问激趣,回顾聚焦。

引导:尼尔斯变成小狐仙后,他的世界发生了那么多不可思议的变化,阅读时,哪个变化让你觉得特别神奇、特别有意思、印象特别深刻呢?快速回顾浏览,待会儿和大家分享。

2. 交流互动,分享感受。

预设:变小、被鸡嘲笑、被猫攻击、被牛教训等。

小结:同学们分享的情节多么神奇,语言多么有趣,给大家留下深刻的印象。

3. 根据情节,初评人物。

引导:同学们,读着这些神奇有趣的情节,你觉得尼尔斯是个怎样的孩子?

预设:淘气、顽皮、不懂事等。

小结:同学们抓住神奇有趣的情节,初步感受到了人物的特点,你们已经在自觉运用阅读名著的一些好方法了。

【点评】在教学中,汤老师紧扣单元语文要素"就印象深刻的人物和情节交流感受",引导学生通过情节的分享,感受童话的神奇,初步形成对人物的评价。教学过程中,强化运用已学的阅读名著的方法,凸显略读课文、运用方法阅读的教学理念。

三、多元评价,研读"变",丰富形象

1. 个体研读,圈画批注找发现。

(1) 引导:尼尔斯真的只是一个淘气、顽皮、不懂事的孩子吗?按照我们以前阅读中外名著的经验,每个人物的特点常常是多样的。请同学们再读课文,再一次关注情节,感受人物形象,你们对尼尔斯会有哪些新的认识呢?

(2) 独立学习,回读批注:快速回读课文,抓情节探寻尼尔斯新的形象特点,在文中圈画批注。

2. 小组合作,探究分享新发现。

(1) 明确要求,开展活动。课件出示学习要求:

合作学习:

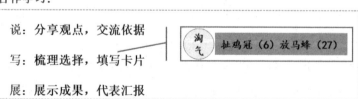

说:分享观点,交流依据
写:梳理选择,填写卡片
展:展示成果,代表汇报

淘气　扯鸡冠(6) 放马蜂(27)

（2）交流依据，丰富对形象的感受。根据各小组板贴进行梳理点评。

预设1：观点——体谅父母、懂事、孝顺……

依据①：第44自然段（怕鹅飞走）

依据②：第28自然段与第44自然段（气母亲——怕父母担心）

点拨：在前后情节的联系对比中，发现尼尔斯虽然淘气，但内心还是爱父母的。

预设2：观点——认识错误、善于反思……

依据①：（单一自然段的依据）如第22自然段（羞）、第29自然段（后悔）、第30自然段（垂头丧气）、第32自然段（难过）

依据②：（多个自然段联系的依据）第22自然段（羞）→第29自然段（后悔）→第30自然段（垂头丧气）→第32自然段（难过）

点拨：这个组发现尼尔斯变成小狐仙后，不仅外部世界发生变化，自身除了变小、变弱，能听懂动物语言外，内心世界也在悄然变化。从文中的关键词找到了这条心情变化线，让我们看到一个善于反思、主动认识错误的尼尔斯。（课件出示文本，标红小组找到的关键词，连成心情线）

3. 链接"平台"，尝试多角度评价。

小结：我们抓住尼尔斯的变化，在情节梳理中既发现他是个淘气、顽皮的孩子，同时也感受到他勇敢、负责、体贴父母等特点。正如语文园地"交流平台"中所说的："每个人都是立体的、多面的，评价人物时角度不能太单一。"

【点评】汤老师引导学生通过个体学习和小组合作探寻人物新的形象特点，将小组思维成果用板贴的方式呈现，引导学生在相互交流分享中有依据地多角度评价人物，提升学生读情节品人物的能力。同时，充分利用教材资源，如单元导语页、略读课文前的"学习提示"、语文园地中的"交流平台"，体现单元整体教学思想。

四、拓展延伸,预测"变",激发兴趣

1. 借助目录,预测神奇之处。

(1) 根据"学习提示",预测神奇。

引导:从名著的目录中,我们发现尼尔斯会有许多神奇经历,如"鹤之舞表演大会""大海中的白银",这两个故事也是课文在学习提示中推荐的。故事究竟有何神奇之处?尼尔斯又可能会发生什么变化呢?请同学们猜测一下。

预设:从"鹤之舞表演大会"这个题目中,我猜测会有很多很多的仙鹤,它们聚在一起,翩翩起舞……

预设:从"大海中的白银"这个题目中,我猜测"白银"可能是大海的波涛,描绘了大海波涛汹涌的情景……

引导:你们猜测得怎么样呢?请大家读一读下面的故事梗概,验证一下自己的猜测。

预设:"鹤之舞表演大会"讲的是乌鸦、山兔、松鸡、马鹿、大鹤等动物表演的盛况;"大海中的白银"讲的是渔民们出海捕捞鲱鱼的情景。

(2) 再读目录,发现特色探价值。

引导:(呈现原著目录)走进原著,你会发现《骑鹅旅行记》这本书不仅仅讲述了尼尔斯奇幻冒险的神奇故事,还有一个很大的特色,在书的目录中就有体现,你能发现吗?

预设:地名、动物、传说……

2. 推荐学生读原著,开启阅读之旅

课堂小结:《骑鹅旅行记》这本书,不仅讲述了尼尔斯的成长故事,还描绘了瑞典的地理风貌、风土人情、动物植物等。请同学们课外阅读这本书,让我们一起"跟随外国文学名著的脚步,去发现更广阔的世界"。

【点评】汤老师在教学中多次借助原著的目录,根据略读课文的学习提示,让学生运用预测策略猜故事的内容,观察目录中的标题探寻书本的

内容,不断激发学生阅读名著的兴趣,充分发挥了节选型课文的教学价值,积极探索从一篇课文教学走向一本书教学的策略,打开了学生的阅读视野。

这节课,汤老师根据略读课文的特点,围绕"学习提示"展开教学。首先是引导学生说说"尼尔斯变成小狐仙之后,他的世界发生了哪些变化",培养学生提取信息、整理信息的能力;接着,聚焦小说的主人公——尼尔斯,深入学习课文,把握人物的形象特点;然后,讨论"小说中还有许多有趣的故事,如'鹤之舞表演大会''大海中的白银'",猜测它们会讲述怎样的神奇故事;最后,落实"有兴趣的话可以找来原著读一读"的要求,再次借助目录,激发学生阅读原著的兴趣。

本课教学中,汤老师设计的思辨性阅读问题是"尼尔斯真的只是一个淘气、顽皮、不懂事的孩子吗?请同学们再读课文,再一次关注情节,感受人物形象,你们对尼尔斯会有哪些新的认识"。

课文大量笔墨是写小男孩尼尔斯变成小狐仙后,很多动物都在嘲笑、欺负他,嘲笑、欺负的原因是先前的尼尔斯实在是太淘气了:揪猫的尾巴,用木鞋打牛,把马蜂放到牛耳朵里,多次从母亲腿下抽走她挤奶时坐的小凳……学生初读课文的突出感受就是尼尔斯淘气、顽皮、爱搞恶作剧。

为了帮学生突破思维定式,培养学生细读文本的意识和能力,教师让学生再读课文,寻找新发现,从不同角度评价尼尔斯,让学生认识到尼尔斯还具有勇敢、负责、体贴父母等特点。这样的教学,很好地落实了本单元语文园地"交流平台"中"读名著时,我会对书里的人物作出自己的评价""每个人都是立体的、多面的,评价人物时角度不能太单一"的要求,延展了学生思维的广度和深度,培养了学生思维的广阔性、批判性等品质。

第二节　古诗文思辨性阅读问题教学课例

古诗文是中华优秀传统文化的精华,是学生学习语言文字运用的重要资源。为了弘扬中华优秀传统文化,增强文化认同感,统编小学语文教材大幅增加了古诗文篇目数量,选有古诗文 132 篇,其中文言文教学提前到了三年级,数量也增加到十几篇。《义务教育语文课程标准(2022 年版)》在"学段要求"中对古诗文教学提出了基本要求:

学段	学段要求
第一学段	诵读儿歌、儿童诗和浅近的古诗,展开想象,获得初步的情感体验,感受语言的优美。
第二学段	诵读优秀诗文,注意在诵读过程中体验情感,展开想象,领悟诗文大意。
第三学段	阅读诗歌,大体把握诗意,想象诗歌描述的情境,体会作品的情感。
第四学段	诵读古代诗词,阅读浅易文言文,能借助注释和工具书理解基本内容。注重积累、感悟和运用,提高自己的欣赏品位。

古诗文教学,教师可以聚焦文本的内容、情感、语言等要素设计思辨性阅读问题,引导学生在阅读思辨中传承中华优秀传统文化,品味经典语言,提高文学素养,陶冶精神情操。

教学课例 1:四年级上册《古诗两首》(第一课时)

《古诗两首》在原人教版是四年级上册第六单元的课文,单元阅读教学的要求是:"让我们随着本组课文的学习,去感受人与人之间纯真的感情,体会互相关爱带来的快乐和幸福。我们还要由课文内容想开去,了解发生在身边的动人故事。"课文中的两首古诗是《黄鹤楼送孟浩然之广陵》和《送元二使安西》,都是送别诗,诗人情感上有相似之处;但由于送别的背景不同,诗人的心情也有不同,有利于学生通过比较辨析理解诗意和体会诗情。

浙江省杭州市彭埠第二小学楼狪老师执教的《古诗两首》(第一课时),在2009年"浙江省第八届小学语文课堂教学评比"中获得一等奖。基于原人教版语文教材四年级上册第六单元阅读教学要求,教学目标和教学过程设计如下:

◎ 教学目标

1. 正确认读"鹤、孟、陵、辞"等5个生字,正确、流利地朗读古诗,背诵古诗。

2. 抓住古诗中的关键字词,想象诗歌描绘的情境,体会朋友间的深厚情谊。

3. 通过阅读背景资料、运用比较等方法,体会诗歌中诗人的不同情感。

◎ 教学过程

一、共读两首诗,把诗歌读正确

1. 回顾学习古诗的方法。

导入:同学们,我们学过许多古诗了,以前是怎么学古诗的?

预设:先读准生字,然后再读通顺古诗,还要有感情地朗读古诗。

预设:要体会诗人写这首诗的思想感情,还要背诵古诗。

2. 指导学生把古诗读正确。

引导:把古诗读正确、读出感情、背下来,这些都是学习古诗的基本方法。这节课我们学习两首古诗,就从读正确开始。下面这两首古诗能读正确吗?谁来试试?

预设:"孟、陵"两个生字是后鼻音。

预设:"朝雨"意思是早晨的雨,词语中的"朝"读第一声;"客舍"意思是旅店,词语中的"舍"读第四声。

3.引导:教材编者把这两首古诗编在同一篇课文中,说明这两首古诗之间是有联系的。请同学们再读读这两首古诗,找一找,它们有哪些相同或相似的地方,在诗中圈出来。

(1)预设:两首古诗的题目中都有一个"送"字,都是唐朝诗人写的,都是送别朋友的诗。

引导:谁来读一读两首古诗的题目?

引导:第二首诗的题目是读"送/元二/使/安西",还是读"送/元二使/安西"?

预设:注释里说,"元二"是作者的朋友,"使"是出使的意思,"安西"是一个地方,所以要读成"送/元二/使/安西"。

引导:两首古诗题目中哪两个字的意思也是相似的?

预设:"之"和"使"都有去的意思。

(2)预设:这两首诗都有送谁到哪里去。

(3)预设:两首古诗中都有"故人"。

引导:"故人"是什么意思?两首古诗中的"故人"分别是谁呢?

预设:"故人西辞黄鹤楼"中的"故人"是指孟浩然,第二首"西出阳关无故人"中的"故人"是指元二的老朋友。

(4)预设:两首古诗中都有"西"字,第一首中是"故人西辞黄鹤楼",第二首中是"西出阳关无故人"。

引导:(出示唐朝地图)找一找诗歌中的地名"黄鹤楼、广陵、渭城、阳关"。

【点评】教学活动必须建立在学生认知发展水平和已有知识经验之上。在古诗学习前,楼老师先引导学生回顾已学过的学习古诗的方法,小结学习古诗的基本步骤,既尊重学生原有的学习经验,又便于迁移运用方法,提高学生阅读能力。在指导学生读正确的时候,楼老师积极引导学生借助注释理解句子意思,从而确定多音字在诗句中的读音、诗句中的朗读停顿,把正确朗读和理解诗句意思有机结合起来。把两首古诗放在一起比较着学,有利于激发学生学习兴趣,培养学生探究学习的意识和能力。

二、研读一首诗,读出诗中情感

1. 想象诗歌画面。

引导:同学们,古时候交通很不方便,通信也不发达,好朋友一朝分别常常是几年、十几年,甚至是一辈子都不能再见,所以送别的场景特别难忘。接下来,咱们就走进第一首诗《黄鹤楼送孟浩然之广陵》,去感受当时送别的画面。请同学们自己读读这首诗,送别的画面上有哪些人和景?在诗中标出来。

交流反馈,教师在黑板上作简笔画。

预设:黄鹤楼、扬州。

点拨:黄鹤楼是江南三大名楼之首,游客云集,热闹非凡。扬州离黄鹤楼有千里之远。

预设:长江、孤帆。

引导:老师先画长江,长江由西向东,奔流入海,江上还有一叶孤帆。

预设:烟花。

引导:烟花是我们现在晚上放的那个礼花吗?

预设:注释里说"烟花"的意思是形容柳絮如烟、鲜花似锦的春天景物。

预设:孟浩然、诗人李白。

2. 感受诗中情感。

引导:古诗中写到的这些景物跟送别有关吗?咱们再来读读这首诗,这些景物跟送别有什么关系?先自己学习,圈画批注;再和同桌一起讨论。

（1）研读前两句诗：故人西辞黄鹤楼，烟花三月下扬州。

预设："黄鹤楼"是送别的地点，"烟花三月"是送别的时间。

引导：这黄鹤楼，这烟花三月，除了写出了送别的时间和地点，还有什么特别的意义？这里有一段资料，请同学们读一读，看看读懂了什么。

> 公元727年，李白东游归来，回到湖北后，结识了大诗人孟浩然。孟浩然比李白大十二岁，对小有名气的李白非常赞赏，两人很快成为挚友。公元730年春天，李白得知孟浩然要去广陵（今江苏扬州）的消息，便约孟浩然在江夏（今湖北武汉）相会。他们一起吟诗作画，饮酒赏花，游览黄鹤楼，结下了深厚的情谊。临别时，李白写下了《黄鹤楼送孟浩然之广陵》。

引导：黄鹤楼除了是他们分别的地点，还是他们一起吟诗作画、饮酒赏花的地方，在这里留下了他们深厚的情谊。可是今天，阳春三月的今天，好朋友却要走了，这个时候李白的心情会怎样？

预设：不舍、伤心、难过……

引导：非常不舍。那么，同学们再读这两句诗，能把这种不舍的感觉读出来吗？

（2）研读后两句诗：孤帆远影碧空尽，唯见长江天际流。

引导：我们再来读读后两句诗，还有什么景物与送别有关系？

预设："孤帆"代表孟浩然离开的交通工具，从"孤帆"中感受到了诗人送别孟浩然之后的孤独心情。

预设："远影"说明李白送孟浩然送了很久很久。

引导："远影"两个字可以读得慢一点，感觉时间很长很长，送得很远很远。谁还想读一读这句诗？

引导:读到这里,你对老师在黑板上画的孤帆的位置、大小,有什么建议吗?

预设:孤帆要再画远一点,还要小一点。

预设:不用画了,"碧空尽"是蓝天的尽头,"唯见长江天际流"中的"唯见"是只看见,已经看不见孤帆了。

引导:李白看着孟浩然的船越来越远,从孤帆到远影,从远影到碧空尽,最后是"唯见长江天际流"。这越来越远的画面,谁能把它读出来?

引导:"唯见长江天际流。"读到这,还有什么景物跟送别是有关系的?

预设:长江,因为长江是孟浩然去广陵的必经之路,孟浩然的船顺着长江走了。

预设:是长江让孟浩然的船越行越远,直到看不见了……

引导:孟浩然在哪里,李白的目光就在哪里,李白的心就在哪里。"孤帆远影碧空尽,唯见长江天际流。"谁再来读读最后两句诗?

【点评】诗中有画,画中有诗。楼老师巧用简笔画,将诗中景物画上黑板,让学生形象地感受到诗中有画的意境。在"诗中景物跟送别有什么关系"的问题探讨中,楼老师引导学生入情入境地感受诗人的情感,从"黄鹤楼""烟花"到"孤帆""远影""碧空",再到"长江""天际",李白的目光随着孤帆移动,心情从不舍到孤寂落寞与无奈。

三、想象练笔,抒发内心情感

1. 引导:读到这里,我们来看看书上这幅插图,此时的李白,面对着茫茫长江,会想些什么,说些什么?把它写下来。

预设:孟浩然啊孟浩然,你又离开了,我是多么不舍啊! 孟浩然啊孟浩然,没有了你的陪伴,我是多么孤单!

预设:滚滚的长江,请你告诉孟浩然,我会天天想着他;悠悠的白云,请你告诉孟浩然,我会天天盼着他……

2. 引导:古诗读到这里,我们感受到画面上的每一处景物"黄鹤楼、烟花、孤帆、碧空、长江"等都与送别有着深深的联系,诗人所有的情感都在这些景物上。这就是流传千古的《黄鹤楼送孟浩然之广陵》。让我们一起背诵这首诗。

3. 小结:同学们,今天我们从两首古诗相同的地方开始研究,重点读了第一首诗,读出了画面,读出了情感。下节课,我们要研读第二首古诗中的画面和情感,还要找一找这两首古诗不同的地方。

【点评】俗话说"情动而辞发",在学生理解了古诗的画面、感受了诗人的情感后,楼老师让学生代入角色、移情体验、想象写话,学生仿佛感受到自己就是李白,正站在长江边的黄鹤楼上送别自己的好朋友,无限感慨流于纸上,真是字字有意、句句动情。

这节课,楼老师根据教材古诗类课文的编选特点,采用了"合→分→合"的方式展开教学。首先是"合",就是把两首古诗放在一起学习,在学生读正确的基础上,引导学生发现两首古诗中的共同点;接着是"分",就是学完一首古诗,再学一首古诗,既保证一首古诗教学的完整性,又能把一首古诗中学到的方法迁移运用到另一首古诗上,培养学生的阅读能力;最后是"合",就是把两首古诗放在一起比较学习,引导学生寻找两首古诗的不同点。这样的教学,既符合阅读教学从整体到部分再到整体的规律,也符合古诗教学从把握诗意到想象诗境到体会诗情的规律。

本课教学中,楼老师设计的思辨性阅读问题是"古诗中写到的这些景物跟送别有什么关系",引导学生在深入理解诗句意思的基础上,明白古诗中写到的每一处景物都和送别密切相关。抓住"孤帆"深入研讨尤为精彩:孤帆应该画在哪里?到底要画多大呢?学生结合"孤帆远影碧空尽,唯见长江天际流"这句诗中的"远影""碧空尽""唯见长江""天际流"的理解,建议老师把"孤帆"画得越来越小、越来越远,最后有学生说不用画了,学生的思维和情感也随着"孤帆"的运去而不断深化,很好地实现了品诗意、入诗境和悟诗情的有机融合,达成了语言学习、思维提升和情感发展的目标。

教学课例 2：五年级下册《自相矛盾》

《自相矛盾》是统编小学语文教材五年级下册第六单元中的课文，单元语文要素阅读方面的要求是"了解人物的思维过程，加深对课文内容的理解"。这篇文言文主要讲述楚国有个卖盾和矛的人，在夸耀自己的盾和矛时前后矛盾、不能自圆其说的故事。课后练习要求"正确、流利地朗读课文""背诵课文""联系上下文，猜测加点字的意思""想一想：'其人弗能应也'的原因是什么""用自己的话讲讲这个故事"，为确定教学目标、设计教学过程提供了重要依据。

浙江省杭州市基础教育研究室附属学校谭超老师执教的《自相矛盾》，在 2021 年"第三届全国统编小学语文教科书优质课推荐活动"中被评为"一类课例"。教学目标和教学过程设计如下：

◎ 教学目标

1. 读准"鬻、誉、弗、夫"等字音，正确、流利地朗读课文，背诵课文。

2. 通过联系上下文、猜测、组词等方法，了解文言文的大概意思。

3. 探究楚人的思维过程，了解"其人弗能应也"的原因，明白说话不要自相矛盾、不要言过其实等道理。

◎ 教学过程

一、复习激趣，初识"矛""盾"

1. 谈话激趣。

导入：同学们，中华文化源远流长，先贤圣哲的智慧闪烁着光芒。读文言文，可以增长智慧，获得启迪。

2. 回顾已学文言文。

引入：我们从三年级就开始学习文言文，请大家根据图片猜一猜学过的文言文。（出示课文《司马光》《守株待兔》《精卫填海》《铁杵成针》等插图，学生猜测）

3. 板书课题，指导书写"矛""盾"，出示"矛"和"盾"的图片，根据象形字和会意字的特点,提示书写要领。

【点评】谭老师从中华传统文化引入,激发学生学习文言文的兴趣,增强民族自豪感。根据图画猜文言文,既激发学生的好奇心,又巧妙联系旧知,自然导入新课。指导书写"矛"与"盾"时,借助矛与盾的形状和功能加深认识,突破学生书写难点。

二、预学反馈,走近"矛""盾"

1. 读准字音,理解意思。

引导:昨天老师请大家预习了课文,做了预学单。这是老师根据预学单统计出来的你们认为难读、难理解的字。请大家看一看,有什么好方法来帮助我们认读和理解?

预设:根据注释,联系上下文,理解"鬻""陷""弗"分别是卖、穿透与刺穿、不的意思。

预设:了解多音字"夫"在句首,读音是 fú。

2. 读好停顿,读出节奏。

(1)引导:同学们在预习时还画出了难读的句子,请读一读下面这句话,在句子中画出停顿号。

预设:夫不可陷之盾与无不陷之矛,不可同世而立。

(2)引导:这是两位同学画的停顿,你们同意谁画的? 请说说理由。

① 夫不可陷之盾/与/无不陷之矛,不可/同世/而立。

② 夫/不可陷之盾/与/无不陷之矛,不可/同世而立。

预设:②正确,借助注释知道"夫"是个语气词,读的时候要停顿;"同世而立"表示一个完整的意思,中间可以不停顿。

(3)小结:结合注释,根据句子意思进行停顿,是读好文言文的好方法。

3. 师生合作诵读课文。

【点评】谭老师对字音、停顿等的朗读指导都是基于学生的预学单进行的,这样既可以更好地了解学生的学习起点、难点,又可以有效地找到学生的最近发展区,以学定教,体现教为学服务的意识。"字不离词,词不离句",把生字放进句子中读,理解字义后再读,有利于学生识记。

三、创设情境,夸耀"矛""盾"

1. 朗读文中楚人说的话,感受"盾"坚"矛"利。

引导:谁来扮演楚人,用课文中的语句来叫卖自己的"盾"和"矛"?

预设:吾盾之坚,物莫能陷也。

预设:吾矛之利,于物无不陷也。

2. 用自己的话,夸耀"盾"坚"矛"利。

引导:谁再来扮演楚人,用我们现在说的话来叫卖自己的"盾"和"矛"?

预设:我的盾是世界上最坚固的,无论多么锋利尖锐的东西也不能刺穿它! ——引导:课文中哪个词是坚固的意思? 谁来说说有关坚固的成语?

预设:我的矛是世界上最锋利的,无论怎样牢固坚实的东西都会被它刺穿! ——引导:课文中哪个词是锋利的意思? 谁来说说有关锋利的成语?

小结:"坚"是坚固的意思,"利"是锋利的意思,我们可以用组词的方法理解文言文字词的意思。

3. 沉浸情境,引发认知冲突。

在学生热闹的叫卖中,教师突然发问:楚人,以子之矛陷子之盾,何如? 何如? 何如?

【点评】谭老师先让学生有滋有味地朗读文中楚人说的话,在反复诵读中感受楚人对自己卖的盾和矛的极度夸赞,并在诵读中感受文言文特有的节奏和韵味,培养学生的文言语感;再让学生用平时说的话夸耀自己的盾和矛,实则是引导学生自然地把文言转化成现代白话,这是一种无痕的理解,有效地激发了学生学习文言文的兴趣。

四、借助导图,深思"矛""盾"

1.走进楚人内心。

(1)引导:楚人为何"弗能应也"?此时此刻,他心里会怎么想呢?

(2)出示学习单,小组合作学习:先借助思维导图,推测楚人的思维过程,再填写思维导图。教师相机指导。

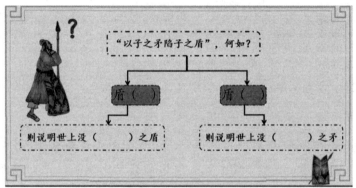

(3)学生上台汇报交流,其他同学提问或补充。

2.与"楚人"对话。

(1)引导:如果你是路人,你还想对楚人说些什么呢?

(2)教师相机评价点拨,揭示主旨"夫不可陷之盾与无不陷之矛,不可同世而立",学生反复朗读。

五、拓展积累,回味"矛""盾"

1.延伸拓展,加深认识。

(1)出示《新自相矛盾》,引导学生尝试用文言文表达。

有一楚人,曰:"吾欲发明万能溶液,以溶天下万物。"或曰:"＿＿＿＿?"其人弗能应也。

(2)引导学生联系生活实际,说说"自相矛盾"的事例,并思考:同学们所说的事例中,哪些是真正自相矛盾的?

2.背诵积累,感悟回味。

(1) 引导学生结合已有学习经验,说说背诵文言文的好方法。

预设:按照起因、经过和结果的顺序背诵。

预设:抓住楚人与路人的对话背诵。

预设:按照"故事＋道理"的结构背诵。

(2) 学生自主选择,借助背诵支架,尝试背诵。

(3) 教师和学生一起背诵课文。

【点评】读寓言故事,仅仅理解寓言所蕴含的道理是远远不够的,重要的是引导学生内化积累,学以致用。谭老师自己设计文言版的《新自相矛盾》,让学生联系生活实际说说自相矛盾的事例,意在引导学生敏锐发现生活中自相矛盾的现象,避免重蹈自相矛盾的覆辙。

这节课,谭老师根据文言文的特点,紧扣"矛""盾"展开教学。首先是认识矛和盾两样事物,并指导学生书写;接着指导学生用自己的话来夸耀矛和盾,理解文言短文的意思;然后推测卖矛和盾的楚人的内心想法,了解人物的思维过程;最后是寻找生活中是否有自相矛盾的人,从课文学习迁移到现实生活。

本课教学中,谭老师设计的思辨性阅读问题是"'其人弗能应也'的原因到底是什么",这是这篇课文课后练习的要求,也是落实单元语文要素"了解人物的思维过程,加深对课文内容的理解"的关键。教学中,谭老师先让学生在情境中把自己想象成楚人,代入角色,启发学生分析楚人的思维过程。谭老师设计了思维导图,为学生搭建了学习支架,厘清"以子之矛陷子之盾"后盾会出现的两种情况,通过思辨让学生认识到:无论出现哪一种情况,都足以说明楚人夸耀盾和矛的两句话是自相矛盾的。这样,就引导学生走进了楚人的内心世界,了解了楚人的思维过程,加深了对课文内容的理解。谭老师还在学生联系生活说事例的过程中引导学生思辨:"同学们所说的事例中,哪些是真正自相矛盾的?"进一步引导学生加深对寓意的理解,用学到的道理指导自己的生活。

寓言是文学作品的一种体裁,短小的故事中寄寓着意味深长的道理。文学是对现实生活的反映,来源于生活而又高于生活。寓言教学不能停留在文本上,要让学生联系生活,在思辨中汲取智慧,学以致用。

教学课例3:六年级上册《书戴嵩画牛》

《书戴嵩画牛》是统编小学语文教材六年级上册第七单元中的课文,单元语文要素阅读方面的要求是"借助语言文字展开想象,体会艺术之美"。本文作者是北宋文学家苏轼,主要讲述四川杜处士非常喜欢戴嵩的《斗牛图》,有个牧童在杜处士晾晒《斗牛图》时指出画中错误,引发苏轼思考的故事。课后练习要求"正确、流利地朗读课文""用自己的话讲讲《书戴嵩画牛》的故事"。

浙江省杭州市永天实验学校舒平老师执教的《书戴嵩画牛》录像课,在2020年"长三角'发现杯'青年教师三科统编教材课堂教学改革展示研讨活动"中,被中国教研网录用为"精品课例"。教学目标和教学过程设计如下:

◎ 教学目标

1.通过预习反馈,纠正"处""数"等多字音的读音,会写"轴"等四个生字,并通过多种形式的朗读,把课文读正确、读流利。

2.能抓住关键词句,感受牧童、处士的不同形象,并在朗读、想象、品读中体会画作的艺术之美。

3.能展开想象,用自己的话讲一讲这个故事。

◎ 教学过程

一、初读课文,反馈预习情况,了解大意讲故事

1.谈话导入,理解题意,读好课题。

导入:今天,我们来学习一篇文言文《书戴嵩画牛》。同学们课前已经预习过课文,谁来读读课题,说说课题的意思?

预设:学过古诗《回乡偶书》《夜书所见》《书湖阴先生壁》,知道"书"是书写的意思,课题意思是书写在戴嵩《斗牛图》上的文字。

2. 朗读课文,简要讲故事。

(1) 学习第1自然段。

引导:谁来读读第1自然段? 注意把字音读正确。

预设:用借助注释、联系上下文等方法,理解词句的意思,知道文中的"处"读"chǔ","好"读"hào","数"读"shǔ"。

引导:把这段话读正确,注意停顿,然后用自己的话把这段话的大意讲一讲。

预设:蜀中/有杜处士,好/书画,所宝/以百数。

(2) 学习第2自然段。

引导:谁来读读第2自然段? 注意把字音读正确。

预设:用借助注释、联系上下文等方法,理解词句的意思,知道文中的"曝"读"pù"。

引导:把这段话读正确,注意停顿,然后用自己的话把这段话的大意讲一讲。

预设:此画/斗牛也。牛斗,力在角,尾/搐入两股间,今/乃掉尾而斗,谬矣。

预设:借助注释,指导"掉尾而斗"中的"掉"是摆动、摇的意思。

【点评】把课文读正确、读好停顿、理解大意,是文言文学习的基本要求。舒老师十分重视学生的朗读,指导学生在借助注释、联系上下文理解词句意思的基础上读准字音、读好停顿,并用自己的话讲一讲大意,为后面深入阅读、展开想象讲好故事奠定了基础。

二、精读课文,感知人物,展开想象讲故事

1. 对比阅读,感受杜处士和牧童对戴嵩《斗牛图》的不同态度。

(1) 引导:杜处士对戴嵩《斗牛图》的态度是怎样的? 请同学们读读

119

课文第 1 自然段,圈画关键词语作批注。

预设:"尤所爱""锦囊玉轴""常以自随"等。

引导:请同学们想象杜处士"常以自随"的情境,用自己的话把杜处士珍爱《斗牛图》的情节讲具体。

预设:走亲访友时带着,朋友聚会时带着,晚上睡觉时带着……

引导:这到底是一幅怎样的画,让杜处士"尤所爱""锦囊玉轴""常以自随"呢?请同学们欣赏戴嵩的《斗牛图》。

引导:这幅画画得太好了,怪不得杜处士"尤所爱""锦囊玉轴""常以自随"。谁再来读一读第 1 自然段?

(2) 引导:牧童对戴嵩《斗牛图》的态度是怎样的?请同学们读读课文第 2 自然段,圈画关键词语作批注。

预设:"拊掌大笑""谬矣"等。

2. 对比阅读,感受牧童和杜处士"笑"的不同含义。

引导:牧童看了戴嵩的《斗牛图》"拊掌大笑",杜处士听了牧童的话"笑而然之"。杜处士和牧童的"笑"有什么不同?先自己学习,再小组讨论,提炼出关键词写在词卡上,把词卡贴在黑板上。

预设:牧童为自己发现《斗牛图》中的错误而得意地笑,取笑杜处士珍藏一幅有错误的画……

预设:杜处士为自己没有发现画中错误而尴尬地笑,为牧童敢于大胆质疑而赞赏地笑……

引导:戴嵩的《斗牛图》真的画错了吗?牧童的话真的说对了吗?请欣赏其他画家画的《斗牛图》和摄影师拍的斗牛照片,你有什么发现?再想想杜处士可能还会为什么而笑?

预设:牛斗时,有的牛尾巴如戴嵩《斗牛图》画的那样"掉尾而斗",有的牛尾巴如牧童说的那样"尾搐入两股间",两种情况都有;不同的牛、不同的时候,牛斗时尾巴的姿态不一样。

预设:杜处士可能知道牧童说得不够全面,但是牧童能根据自己的观察和经验来说,因此为牧童的天真可爱而笑……

引导:请同学们想象牧童"拊掌大笑"和杜处士"笑而然之"的情境,用自己的话把这个情节讲具体。

【点评】舒老师通过两次比较,巧妙地引导学生深入阅读课文中的文言词句,体会杜处士和牧童对戴嵩《斗牛图》的不同态度,体会杜处士和牧童"笑"的不同含义,让学生充分感受人物形象的特点;同时还在理解的基础上,引导学生展开想象,把故事讲具体,很好地落实了课后练习"用自己的话讲讲《书戴嵩画牛》的故事"的要求。

三、熟读课文,深化认识,同桌互相讲故事

1. 默读最后一句话,深化认识。

引导:苏轼看了戴嵩的《斗牛图》,听了牧童说的话,引用了一句古语"耕当问奴,织当问婢",你是怎样理解这句话的?

预设:说明艺术创作需要细心观察,要向有经验的人学习请教。

引导:你觉得要真正理解事物的道理,光"问"就可以了吗?

预设:除了问以外,还需要多观察、多实践……

2. 同桌互相读课文,讲述故事。

出示要求:①按照顺序讲清楚;②加入想象讲具体。

【点评】舒老师紧扣教学目标"用自己的话讲一讲这个故事",在学生理解的基础上再让学生同桌讲故事,做到人人落实,课堂教学非常扎实。同时,引导学生对文本主旨进行深入思考,有效拓展了学生思维的广度和深度。

这节课,舒老师根据单元语文要素"借助语言文字展开想象,体会艺术之美"和课后练习"用自己的话讲讲《书戴嵩画牛》的故事"等要求,围绕讲故事展开教学。首先是引导学生初读课文,了解大意,简要讲述故事;其次是引导学生精读课文,抓住关键词句,展开想象讲故事;最后引导学生熟读课

文,同桌互相讲故事,指导学生深入理解了文言文的内容和蕴含的道理。

本课教学中,舒老师设计的思辨性阅读问题是"牧童看了戴嵩的《斗牛图》'拊掌大笑',杜处士听了牧童的话'笑而然之'。杜处士和牧童的'笑'有什么不同"。通过阅读思辨,学生产生多元感悟:有的认为牧童是为自己发现《斗牛图》中的错误而笑,有的认为牧童是为杜处士珍藏一幅有错误的画而笑;有的认为杜处士是为自己没有发现画中的错误而尴尬地笑,有的认为杜处士是为牧童敢于大胆质疑而赞赏地笑等。

本课教学特别精彩的是教师在学生思辨的基础上,提出了更深层次的思辨性阅读问题:"戴嵩的《斗牛图》真的画错了吗?牧童的话真的说对了吗?"通过欣赏其他画家画的《斗牛图》和摄影师拍的斗牛照片,教师引导学生说说自己的发现,想想杜处士"笑而然之"可能含有的其他意思。学生发现戴嵩的《斗牛图》没有画错,牧童的话也没有说错,都是他们观察所得。在本课教学的最后板块,舒老师还提出"你觉得要真正理解事物的道理,光'问'就可以了吗"这一问题,引导学生对古语"耕当问奴,织当问婢"进行思辨,把学生的思维引向更深处。

正如苏轼自己诗中所说:"横看成岭侧成峰,远近高低各不同。不识庐山真面目,只缘身在此山中。"人的观察和认识是有局限的,要认识事物的全貌和真相,必须超脱狭小视野,摆脱主观成见,这样才能达到杜甫诗中所说的"会当凌绝顶,一览众山小"的境界。

第三节 说明文思辨性阅读问题教学课例

说明文是一种以说明为主要表达方式的文章体裁。从语言风格的角度,说明文可以分为平实性说明文和生动性说明文。平实性说明文是用平实、简洁、明白的语言对事物的外形、内部结构、功用及种属关系加以客观的说明。生动性说明文也叫文艺性说明文，是运用形象生动的语言来介绍事物、阐述事理，让读者在获得知识的同时也得到艺术的享受。统编小学语文教材从一年级开始编排以童话故事为主要形式的生动性说明文，从三年级开始生动性说明文和平实性说明文兼而有之。《义务教育语文课程标准(2022年版)》对说明性文章教学提出了基本要求：

学段	学段要求
第三学段	阅读说明性文章，能抓住要点，了解文章的基本说明方法。阅读简单的非连续性文本，能从图文等组合材料中找出有价值的信息。尝试使用多种媒介阅读。
第四学段	阅读新闻和说明性文章，能把握文章的基本观点，获取主要信息。阅读科技作品，还应注意领会作品中所体现的科学精神和科学思想方法。阅读由多种材料组合、较为复杂的非连续性文本，能领会文本的意思，得出有意义的结论。

学段	发展型学习任务群：实用性阅读与交流
第一学段	学习认识有关标牌、图示、说明书等……
第二学段	学习阅读说明、叙写大自然的短文，感受、欣赏大自然的奇妙与美好……
第三学段	阅读参观访问记、考察报告、科技说明文、科学家小传等文本……
第四学段	阅读叙事性和说明性文本，发现、欣赏、表达和交流家庭生活、学校生活、社会生活和大自然的美好……

说明性文章教学，教师可以聚焦说明要点、说明方法等要素设计思辨性阅读问题，引导学生在阅读思辨中丰富科学知识，体会科学精神，感悟说明方法及表达效果，发展思维能力。

教学课例 1：三年级上册《花钟》(第一课时)

《花钟》是原人教版小学语文教材三年级上册第四单元的课文,单元阅读教学要求是"让我们认真阅读本组课文,一起去了解作者发现的秘密";在统编小学语文教材中是三年级下册第四单元中的课文,单元语文要素阅读方面的要求是"借助关键语句概括一段话的大意"。这篇课文主要写一天之内不同的花会在不同时间开放,并分析了植物的这一现象产生的原因。课文语言生动形象,表达形式丰富,运用了拟人手法把花写活,给读者以美感和想象的空间。

浙江省杭州市胜利小学陆虹老师执教的《花钟》(第一课时),在 2007年"浙江省第七届小学语文青年教师课堂教学评比活动"、2008 年"全国第七届青年教师阅读教学观摩活动"中均获一等奖。基于原人教版教材三年级上册第四单元阅读教学要求,教学目标和教学过程设计如下:

◎ 教学目标

1. 认识"怒、暮"等生字和由生字组成的新词,结合语境理解词语,能正确、流利地朗读课文。

2. 用欣赏的心情朗读第 1 自然段,体会课文表达的多样性和准确性,逐步养成留心观察周围事物的习惯。

◎ 教学过程

一、猜谜揭题,初读课文,认识花钟

1. 导入:同学们喜欢猜谜语吗? 老师给大家带来一个谜语:"一匹马儿三条腿,日夜奔跑不怕累。马蹄哒哒提醒你,时间一定要珍惜。"猜猜谜底是什么?

2. 引导:今天,我们一起来学习一篇课文,题目叫作"花钟"。请你读读课文,想一想:花怎么会变成钟呢? 找到课文中的一句话来回答。

预设:一位植物学家曾有意把不同时间开放的花种在一起,把花圃修建得像钟面一样,组成花的"时钟"。

引导:这句话在课文第 3 自然段,这段话中有两个新词"陆续"和"大致",要注意读正确。"陆续开放"大概是什么意思?谁来猜猜看?

3. 引导:花钟上的花儿是怎么陆续开放的呢?让我们一起去读读第 1 自然段吧。

【点评】上课伊始,陆老师采用猜谜的方式导入教学,充分调动了学生的阅读积极性。让学生带着问题读课文,从课文中找到解释花钟的句子,重在培养学生抓住关键句子把握文章大意的能力,体现三年级阅读教学的要求。

二、细读课文,感知写法,欣赏花钟

1. 识花名。

(1)引导:读第 1 自然段,找找这一段写到了花钟上哪些陆续开放的花。先把花的名字画下来,再想想这段话是围绕哪一句话来写的。

(2)引导:这些花迫不及待想和你们见面了,让我们一起来欣赏一下吧!轻轻读一读描写花儿的句子。

预设:下午三点,万寿菊欣然怒放。

引导:句子中"欣然怒放"这个词语不容易读正确,主要是意思还不太明白,最难理解的是"怒"字,字典中"怒"的解释:①生气,气愤;②盛大。谁来选一选"怒"在这儿是什么意思呢?

2. 赏花开。

(1)引导:这些花开放的样子各不相同,你最喜欢哪个句子?找到这个句子好好地读一读,说说自己为什么喜欢。

预设:凌晨四点,牵牛花吹起了紫色的小喇叭。

引导:在作者眼里,牵牛花就像我们人一样,是会吹喇叭的。牵牛花在吹喇叭的时候,心情一定特别高兴,让我们带着高兴的心情读一读这句话。

(2)引导:还有哪些句子也是把花当作人来写了?找出来读一读,说说自己喜欢的理由。

预设:"蔷薇绽开了笑脸",我仿佛已经听到蔷薇呵呵呵的笑声了。

引导:蔷薇花儿在笑,还有谁也在笑呢?

预设:昙花却在九点左右含笑一现。

引导:绽开笑脸,含笑一现,两种不同的笑容。请男同学读读写蔷薇的这一句话,女同学读读写昙花的这一句话。

(3) 小结:花儿特别有意思,它们不仅会吹喇叭,会笑,还会睡觉,会醒来,会跳舞呢! 同样是描写花儿开了,可是每一句都写得不一样,这样的写法真好。

【点评】怎样让中年级学生感受课文中语言文字表达的丰富性? 陆老师向学生提出了一个要求:读好自己最喜欢的句子,说说自己为什么喜欢。在学生通过交流感受到作者把花当人来写的方法后,陆老师及时引导学生举一反三,寻找这段话中其他的把花当人写的句子,培养学生学习迁移能力。

3. 品花时。

引导:其实在这段话中,描写时间的词语也用得特别好。请四人小组讨论一下,这一段话中表示时间的词语好在哪里? 好的地方可不止一个。

预设:按一定的时间顺序写。

预设:前面六种花的开花时间放在句子开头,后面三种花的开花时间放在句子中间。

引导:把所有表示时间的词都放在句子开头或句子中间,这样写好不好? 我们一起比较着读一读,你们有什么发现?

预设:把所有表示时间的词都放在句子开头或句子中间,读起来有点单调。

引导:是啊! 写文章的时候,在恰当的地方有一点变化,这样读起来就不会觉得单调了。你们看,作者在写花开放的样子时,很多地方都把花当作人来写了,但也有两个句子没有这样写,你们找到了吗? 想一想,为什么这两个句子没有把花当人写。

预设:中午十二点左右,午时花开花了;夜来香在晚上八点开花。这两句直接写开花,没有把花当人来写,句子也有变化了。

预设:有的直接写出开花的时间,有的在表示时间的词语后加上了"左右"。

引导:为什么要用上"左右"这个词语呢?

预设:因为花开的时间不是刚好整点,可能早一点,可能晚一点。

引导:课文最后一句话中哪个词和"左右"意思差不多?

预设:大致。

小结:同学们真了不起,留心观察,就发现了这段话中那么多写得好的地方。让我们把这段话连起来读一读,读到你特别喜欢的花,可以配上动作。

【点评】德国著名教育家第斯多惠说过,知识是不应该传授给学生的,而应引导学生去发现它们,独立地掌握它们。在这个教学环节中,陆老师引导学生通过小组讨论,自己去体会、发现语言表达的特点,符合"新课程"倡导的自主、合作、探究的学习理念,有利于增强学生学习主体的意识。

三、词语盘点,拓展写话,赞美花钟

1. 引导:接下来,让我们一起来盘点一下这段话中用得好的词语。老师把这些词语分成了两类,来读一读,想想这样分有什么道理。

争奇斗艳 芬芳迷人 艳丽 欣然怒放 含笑一现 绽开 苏醒
左右 大致

2. 引导:根据课文的介绍,老师做成了一只有趣的花钟,可是花钟上还有几个时刻,没有花来表示。老师找来三种花(出示图片和文字:蒲公英花,早上六点;荷花,上午八点;茉莉花,傍晚五点),请你选一种花,也来仿照课文中的句子写一写"什么时间,什么花是怎么开的"。要是你能用

上课文中学到的这些词语来写，就更了不起了。如果你想用自己的话来说，那也很好。

小结：今天，我们读了课文，欣赏了美丽有趣的花钟。为什么不同的花开花的时间不一样？课文是怎么把这个原因写清楚的呢？下节课，我们继续研究。

【点评】语文课程是一门学习国家通用语言文字运用的综合性、实践性课程。陆老师在教学中设计了词语盘点环节，目的是为后续写话作铺垫。学生在仿写句子时，陆老师引导学生及时迁移运用刚学过的词语及表达方式，能促进学生将课文语言内化为自己的语言，提高语文教学的效率。

这节课，陆老师紧扣课文题目展开教学，主线十分清晰。首先是让学生初读课文，从课文中找到关键的句子说说"花钟"是什么；其次是让学生学习第1自然段，欣赏"花钟"的美丽，体会文章的表达方式；最后是让学生仿照课文的表达方式来赞美"花钟"，写一写"花钟"上其他花开放的时间和样子。

本课教学中，陆老师设计的思辨性阅读问题是："把所有表示时间的词都放在句子开头或句子中间，这样写好不好？我们一起比较着读一读，你们有什么发现？"在陆老师的引导下，学生发现把表示时间的词都放在句子开头或句子中间，读起来有点单调，明白了写文章的时候要适当有些变化。为了强化学生的认识，陆老师及时进行学习迁移，引导学生找到文章中没有把花当人来写的两个句子，深入思考"为什么这两个句子没有把花当人写"，从而让学生发现另一种变化，进一步感受文章语言表达的多样性和生动性。

文本是内容和形式的统一。阅读教学中，教师只关注文本语言文字表达的内容是远远不够的。只有在关注文本语言文字表达内容的基础上，关注语言文字表达的形式及其传递出来的节奏和韵味，才是真正课程意义上的阅读教学。

教学课例 2：四年级上册《呼风唤雨的世纪》（第一课时）

《呼风唤雨的世纪》在原人教版教材是四年级上册第八单元中的课文，单元阅读教学的要求是"认真阅读本组课文，了解科学技术创造的奇迹，感受科学技术发展的惊人速度。还可以畅想一下，科学技术的发展还将使我们的生活发生哪些变化"；在统编小学语文教材中是四年级上册第二单元中的课文，单元语文要素阅读方面的要求是"阅读时尝试从不同角度去思考，提出自己的问题"。这篇课文主要介绍 20 世纪 100 年间科学技术发展的历程，描绘了科学技术改变人类生活的美好画面。文章语言简洁、生动，通过 20 世纪 100 年和 20 世纪前上百万年社会发展的对比，列举了程控电话、因特网等技术，说明科学技术发展快，人类社会变化大。

浙江省杭州市学军小学陈跃老师执教的《呼风唤雨的世纪》（第一课时），在 2009 年"全国首届新课程小学语文优秀课例研究与评选"中获得二等奖。基于原人教版语文教材四年级上册第八单元阅读教学要求，教学目标和教学过程设计如下：

◎ 教学目标

1. 正确认读"赖、耕"等生字，区别"发现"与"发明"、"洞察"与"观察"等词语的意思，正确、流利地朗读课文。

2. 通过关键词句的理解，体会说明文语言表达准确、生动的特点。

3. 体会课文中运用对比、列举典型事例的写作方法，感受 20 世纪科学技术给人类带来的巨大变化，增强热爱科学的情感和探索科学奥秘的兴趣。

◎ 教学过程

一、初读感知，聚焦"发现"和"发明"

1. 板书课题，读题提问。

导入：今天，我们学习的课文题目是"呼风唤雨的世纪"。课前，我们没有预习，现在读了这个课题，你有什么问题想问？

预设:"世纪"是什么意思？"呼风唤雨的世纪"是指哪一个世纪？为什么这个"世纪"是"呼风唤雨"的？

2. 初读课文,讨论问题。

引导:请同学们自由读课文,把课文读正确,边读边思考刚才大家提出的问题。

预设:课文中写的"呼风唤雨的世纪"是指20世纪。——引导:猜一猜"20世纪"大概是从哪一年到哪一年。("世纪"是计算年代的单位,100年为一个世纪。20世纪是1901年至2000年。)

预设:课文把20世纪称为"呼风唤雨的世纪",是因为20世纪人类科学技术发展快、影响大。

3. 学习课文第2自然段。

引导:课文中哪一个自然段概括写了20世纪人类科学技术发展快、影响大？画出关键句子,把句子读正确。

(1) 读好长句子的停顿。

呈现课文句子:正是这些发现和发明,使人类的生活大大改观,其改变的程度超过了人类历史上百万年的总和。

预设:超过了人类历史/上百万年的总和。

预设:超过了人类历史上/百万年的总和。

引导:读一读第3自然段中开头的一句话"人类在上百万年的历史中……",想一想"超过了人类历史上百万年的总和"该怎样停顿。(把"上百万年"合在一起读,因为句子表达的意思是超过百万年,而不是刚好百万年)

小结:阅读时联系上下文理解句子意思,能把句子读正确。

(2) 区别"发现"和"发明"。

引导:这句话中"发现"和"发明"两个词语的意思有什么不一样？先猜一猜,再联系词典中的解释说一说。

130

发现：①经过研究、探索等，看到或找到前人没有认识或看到的事物或规律：～新的基本粒子。②发觉：这两天，我～他好像有什么心事。

发明：①创造（新的事物或方法）：～指南针。②创造出的新事物或新方法：新～。

【点评】学生课前没有预习课文，一读课题就会产生许多问题。陈老师充分利用学生的阅读心理，鼓励学生围绕课题提问，注重培养学生提问的意识和习惯；同时，还可以让学生习得围绕课题提问、带着问题阅读的方法，更有利于培养学生自主阅读的能力。

二、细读课文，感受"发现"和"发明"

1. 学习第 4 自然段。

（1）理解主要信息。

引导：20 世纪到底有哪些"发现"和"发明"？请同学们自由读第 4 自然段，用横线标出"发现"的内容，用波浪线标出"发明"的内容。

① 预设"发现"：洞察百亿光年外的天体，探索原子核世界的奥秘。

引导："洞察"这个词语能换成"观察"吗？

预设：不能换。"观察"只是仔细地察看事物或现象，"洞察"是指观察得很透彻，而且发现了内在的内容或意义，体现了说明文用词的准确。

② 预设"发明"：电视、程控电话、因特网以及民航飞机、高速火车、远洋船舶等，日益把人类居住的星球变成联系紧密的"地球村"。

引导：为什么把我们居住的地球称为"地球村"？

预设：地球上信息传播迅速，交通便捷……就像居住在一个村子里，体现了说明文用词的生动。

引导：20 世纪科技发展改变了人类生活，你能用上"发现"和"发明"这两个词来介绍 20 世纪科技发展的成果吗？

发现　发明

1895 年,德国物理学家伦琴_____了 X 射线;1903 年,美国科学家莱特兄弟_____了飞机;1912 年,英国生物化学家霍普金斯____了维生素;1925 年,英国科学家贝尔德_____了电视;1953 年,英国遗传学家_____了生命的秘密 DNA;1969 年,美国科学家_____了因特网;1973 年,中国科学家袁隆平_____了杂交水稻技术……

（2）领会表达方法。

引导:20 世纪的发现和发明有很多,作者为什么选择课文上说的这些科技成果呢?

预设:登上月球是向上的,潜入深海是向下的,洞察的天体是庞大的,探索的原子核世界是微小的,课文运用了对比的方法介绍科技成果。

预设:电视、程控电话、因特网、民航飞机、高速火车、远洋船舶等和社会发展、人们生活密切相关,影响巨大,课文运用了列举典型事例的方法介绍科技成果。

2.学习第 3 自然段。

引导:请同学们读一读第 3 自然段,看是写什么的。谁来读一读这段话? 注意把课文读正确。

预设:“农耕社会”中的“耕”是生字,指导学生读准后鼻音。

引导:这篇课文是写 20 世纪科技发展快、人类生活变化大的,第 3 自然段是写 20 世纪前上百万年的人类生活的,这一段可以不写吗?

预设:课文第 3 自然段写 20 世纪前社会变化小,没有电视、收音机、汽车;第 4 自然段写 20 世纪变化大,有电视、程控电话、因特网等,这也是运用了对比、列举典型事例的方法来突出 20 世纪科学技术发展快、人类生活变化大。

引导:20世纪100年和20世纪前上百万年的悬殊对比,作者用一句什么话把它们连接起来的? 仔细读这句话,你读懂了什么?

预设:忽如一夜春风来,千树万树梨花开。

预设:"忽如一夜春风来"说明20世纪科学技术发展快,"千树万树梨花开"说明20世纪发现和发明多,引用这句古诗使表达更生动。

3. 合作朗读课文第3、第4自然段,读出20世纪前后社会的巨大变化。

【点评】陈老师聚焦课文中的关键词"发现"和"发明"组织教学内容,教学主线明晰,教学整体感强。教学中,陈老师在关注学生提取信息、把握说明要点的基础上,引导学生学习课文中运用对比、列举典型事例等表达方法,同时体会说明文用词的准确性与生动性,很好地体现了说明文教学的特点。

三、课堂小结,拓展"发现"和"发明"

20世纪的发现和发明竞相涌现,大大改变了人类的生活。20世纪还有哪些重大的发现和发明? 20世纪科学技术发展还给我们带来了哪些影响呢? 未来社会发展还会给我们生活带来怎样的变化呢? 请同学们课外收集相关资料,下节课我们再一起讨论。

【点评】课堂小结是课堂教学的一个重要环节,既可以总结本课学习内容,也可以引导学生向课外延伸。在本节课小结中,陈老师提出下节课学习的任务,让学生课外收集相关资料,有利于激发学生课外探究的兴趣,培养学生收集信息的能力,丰富语文教学的资源。

这节课,陈老师根据文本内容和形式的特点,聚焦文中关键词"发现和发明"展开教学。首先是引出"发现和发明",引导学生区别词语的意思;其次是聚焦"发现和发明",引导学生深入学习课文,了解20世纪的发现和发明,体会科学技术发展快的特点;最后是拓展"发现和发明",让学生阅读或收集资料,了解 20 世纪更多的发现和发明,培养热爱科学的情感和探索科学奥秘的兴趣。

　　本课教学中,陈老师设计的思辨性阅读问题有:(1)"20 世纪的发现和发明有很多,作者为什么选择课文上说的这些科技成果?"主要引导学生在阅读思辨中发现课文运用对比和列举典型事例的写作方法。(2)"这篇课文是写 20 世纪科技发展快、人类生活变化大的,第 3 自然段是写 20 世纪前上百万年的人类生活的,这一段可以不写吗?"主要引导学生发现这样写一方面是有顺序地介绍人类生活的发展状况,另一方面是运用对比、列举典型事例的方法进一步强调 20 世纪科学技术发展快、人类生活变化大。

第六章
思辨性阅读问题教学反思

以核心素养为本,推进语文课程深层次改革,是当前语文课程研究与教学改革的重要任务。核心素养是学生通过课程学习逐步形成的正确价值观、必备品格和关键能力。义务教育语文课程培养的核心素养,是学生在积极的语文实践活动中积累、建构并在真实的语言运用情境中表现出来的,是文化自信和语言运用、思维能力、审美创造的综合体现。思辨性阅读问题教学,要促进学生语文核心素养发展。

第一节　思辨性阅读问题教学与语言学习

语言和思维密不可分,相互依存、相互促进。思维是人脑的机能,是人类具有的高级认识活动。语言是人类最重要的思维工具,尤其是抽象思维活动,更需要借助语言进行。离开思维,语言就失去存在的意义;没有语言,人类就难以进行有逻辑、有深度、有创造的理性思维。语言是思维的工具,思维是语言的内容,语言和思维是人类反映现实的意识形式中相互联系的两个方面,构成人类特有的语言思维形式。

语文课程是一门学习国家通用语言文字运用的综合性、实践性课程。语文课程的基本任务是引导学生热爱国家通用语言文字,在真实的语言运用情境中通过积极的语言实践,积累语言经验,体会语言文字的特点和运用规律,培养学生语言文字的运用能力。阅读是运用语言文字获取信息、认识世界、发展思维、获得审美体验的重要途径。思辨性阅读问题教学,应让学生在语言文字学习运用中进行阅读思辨,在阅读思辨中学习语言文字运用。

一、在语言品味中进行阅读思辨

语文学科不同于其他学科,它是一门语言类的学科。学习语言是语文教学的根本任务,语文课程应培养学生正确理解和运用祖国语言文字的能力,提升学生的综合素养,为学好其他课程打下扎实的基础。语言文字是阅读文本的重要载体,思辨性阅读问题教学应立足文本的语言文字,在语言文字品味中进行阅读思辨。脱离文本语言文字进行思辨,就不是阅读思辨,而是一般意义上的思辨活动。

137

　　比如,统编语文教材二年级上册《葡萄沟》介绍了新疆吐鲁番葡萄沟盛产水果,重点写了葡萄沟里葡萄多,葡萄干非常有名。聚焦思辨性问题"你喜欢葡萄沟吗?说说理由"教学第2自然段,教师要引导学生结合葡萄"一大串一大串""五光十色"等语言文字来阐述自己对葡萄沟的情感;教学第3自然段,要引导学生结合葡萄干"颜色鲜""味道甜"等语言文字来阐述自己对葡萄沟的情感。当然,教师还可以让学生结合教材中的插图、联系生活实际表达观点,但紧扣语言文字的理解来发表自己的观点和理由,是思辨性阅读问题教学重点。

　　再如,统编语文教材四年级下册《绿》是我国著名诗人艾青创作的一首现代诗,主要描绘了春天的大地到处都是绿色、充满勃勃生机的景象。在学生初读感知的基础上,教师可以先让学生用"_____是绿的,_____是绿的,_____是绿的,_____也是绿的"这一句式,写一写自己在生活中看到过的春天的绿色;接着,把学生写的句子和诗歌中的句子进行比较,引导学生发现自己写的"树叶是绿的,小草是绿的,庄稼是绿的,山坡也是绿的"等是眼睛看到的,诗歌中写的"刮的风是绿的,下的雨是绿的,流的水是绿的,阳光也是绿的"是诗人心中感受到的;然后,让学生模仿课文的写法,也写一写自己心中感受到的绿色。这时学生就会写出"蝴蝶是绿的,蜜蜂是绿的,燕子是绿的,天空也是绿的""飘的云是绿的,开的花是绿的,飞的鸟是绿的,空气也是绿的"等许多富有创意的诗句。这样在语言品味中进行阅读思辨,就能让语言学习与思维发展同生共长。

二、在说理表达中进行阅读思辨

　　思辨性阅读问题教学的目的,是让学生在对文本进行多元解读、思考辨析、作出合理判断的基础上,有中心、有依据、有条理地表达自己的观点。统编小学语文教材中许多思辨性阅读问题,都有让学生说理的要求。

如,三年级上册精读课文《美丽的小兴安岭》课后练习:"如果到小兴安岭旅游,你会选择哪个季节去?结合课文内容说说你的理由。"三年级上册略读课文《一块奶酪》学习提示:"默读课文,想想课文围绕一块奶酪讲了一件什么事,再说说你喜不喜欢文中的蚂蚁队长,理由是什么。"在思辨性阅读问题教学中,教师可以引导学生在说理中进行阅读思辨,让语言与思维同步发展。

比如,统编语文教材六年级下册课文《骑鹅旅行记(节选)》,主要讲述尼尔斯变成拇指般大的小人后受尽动物们的嘲笑、恐吓和追逐,最后为留住雄鹅而被带上高空的故事。教学中,教师可以提出"请同学们再读课文,关注情节,体会人物形象,你们对尼尔斯会有哪些新的认识"等问题,引导学生深入阅读思考。自主阅读后,有学生表达自己新的认识:"小男孩一直欺负动物,但是等他变小后反而被动物欺负。被动物欺负后,我们发现第 22 自然段中尼尔斯非常羞愧,第 29 自然段他表示再也不捣蛋了,第 30 自然段中的'垂头丧气'说明他对之前欺负动物的行为很后悔,尼尔斯还是一个能够认识错误、善于反思的人。"从学生这段表达中,我们可以发现,学生已经学会从多处语段中提取信息,把这些信息有机联系起来思考,有理有据地表达自己的观点。

再如,统编语文教材二年级上册《曹冲称象》这篇课文,主要写曹冲小时候积极动脑筋想出称大象的办法的故事。在理解课文内容的基础上,教师可以提出"你还有什么好办法称出大象的重量"等思辨性问题引导学生深入思考。讨论中,有的学生说:"我有比曹冲更好的办法,可以更省时省力。先把大象赶到一艘大船上,看船身下沉多少,沿着水面在船舷上画一条线。再把大象赶上岸,请官员们走到船上,到船下沉到画线的地方为止。然后称出官员的体重,就可以知道大象的重量。"由此可见,学生不仅能仿照课文的语言表达形式"先说观点再说具体做法",还能把自己称象的方法和曹冲称象的方法进行比较,把自己称象的方法的优点说得既清楚又明白。

层次分明的分析、条理清楚的说理是思辨能力的主要特征。在思辨性阅读问题教学中，教师要善于引导学生学习"观点＋依据"、三段论推理、正反对比说理等方法，让学生逐步学会有中心、有依据、有条理地表达自己的观点，不断培养学生思维的严谨性和逻辑性，提高学生语言文字的运用能力。

第二节　思辨性阅读问题教学与思维发展

思维是人脑借助语言对事物的概括和间接的反应过程。根据不同的角度，思维可以分成不同的类型。从思维形态的角度，可以分成形象思维、抽象思维；从智力品质的角度，可以分成再现思维、创造思维；从思维技巧的角度，可以分成归纳思维、演绎思维、求异思维、集中思维、批判思维、横向思维、逆向思维等多种类型。

形象思维和抽象思维是人类最基本的思维活动。形象思维是人们在认识活动中用直观形象和表象解决问题的过程，抽象思维是人们在认识活动中运用概念、判断、推理等形式对客观现实进行间接的、概括的反映的过程。人的每一个思维活动过程都不会是单纯的一种思维在起作用，往往是两种甚至多种先后交错起作用。马克思在论述具体和抽象的相互关系时指出了认识过程的"两条道路"：在第一条道路上，完整的表象蒸发为抽象的规定；在第二条道路上，抽象的规定在思维行程中导致具体的再现。现实中的思维过程往往是这两条道路的交叉和整合，形象思维与抽象思维既相互独立又相互联系。

《义务教育语文课程标准（2022年版）》把思维能力列为语文核心素

养的重要内容,指出:"思维能力是指学生在语文学习过程中的联想想象、分析比较、归纳判断等认知表现,主要包括直觉思维、形象思维、逻辑思维、辩证思维和创造思维",在总目标中还提出"积极观察、感知生活,发展联想和想象,激发创造潜能,丰富语言经验,培养语言直觉,提高语言表现力和创造力,提高形象思维能力"的要求。思辨是一种以抽象逻辑思维为主的思维方式,思辨性阅读问题教学在培养学生抽象逻辑思维能力的同时,需要关注学生形象思维能力的培养,促使学生抽象思维和形象思维协调发展。

一、在具体观察中进行阅读思辨

观察是一种有目的、有计划、比较持久的认识某种对象的知觉过程,也是对事物进行分析和综合的能力。世界著名的生理学家巴甫洛夫在研究院门口的石碑上刻下了"观察、观察、再观察"的名句,以此来强调观察对于研究工作的重要性。世界杰出的生物学家达尔文也曾经说过:"我没有突出的理解力,也没有过人的机智,只是在觉察那些稍纵即逝的事物并对其进行精细观察的能力上,我可能在普通人之上。"观察既是一种感性的认识活动,也是一种理性的思考过程,需要形象思维和抽象思维的共同参与。

比如,统编语文教材二年级上册《登鹳雀楼》是唐代著名诗人王之涣写的一首诗,前两句"白日依山尽,黄河入海流"写的是诗人登鹳雀楼时看到的壮观景色,后两句"欲穷千里目,更上一层楼"写的是诗人心中所想,表达了积极向上的进取精神。教学首句"白日依山尽"时,教师在黑板上用简笔画画了"楼"和"山"后,拿出太阳的图片,让学生思考"太阳贴在哪个位置好"。经过阅读思考,学生拿着太阳的图片,有的贴得离山远,有的贴得离山近,还有的贴在山的后面。教师引导学生阅读思辨:"太阳应该贴得离山近一点还是远一点呢?请同学们再读读这句诗。"学生联系诗句中的"依"字,认为太阳要贴得离山近一点,因为"依"是挨得很近的意思。

141

然后,教师引导学生阅读思辨:"这位同学把太阳贴到了山的后面,你们认为这样贴好吗?"学生又联系诗句中的"尽"字,认为太阳已经落山了,可以贴到山的后面。这样的教学,学生边阅读边观察边思辨,就把形象思维与抽象思维有机结合起来了。

再如,统编语文教材五年级上册《白鹭》是我国现代著名诗人郭沫若于1942年10月创作的一篇散文,用真诚的笔触描绘了白鹭的特点,赞扬了寻常事物中蕴含着的内在美。课文前三个自然段写道:

白鹭是一首精巧的诗。

色素的配合,身段的大小,一切都很适宜。

白鹤太大而嫌生硬,即使如粉红的朱鹭或灰色的苍鹭,也觉得大了一些,而且太不寻常了。

教学中,教师可以展示白鹭和白鹤、朱鹭、苍鹭的图片,先让学生仔细观察,说说自己认为哪一种动物最美,学生们有的说白鹤最美,有的说朱鹭最美,有的说苍鹭最美;再让学生读文思考"为什么作者认为白鹭是最美的",拓展阅读作者创作背景资料,引导学生深入理解"那雪白的蓑毛,那全身的流线型结构,那铁色的长喙,那青色的脚,增之一分则嫌长,减之一分则嫌短,素之一忽则嫌白,黛之一忽则嫌黑"等语句的意思,感受作者对白鹭的喜爱与赞叹之情,同时感悟作者将孤独而优美的白鹭与白鹤等动物进行比照来表达自己的理想追求的写作方法。

观察是人们认识世界的一条重要途径,观察力是形成智力的主要因素之一。在思辨性阅读问题教学中,借助文本引导学生进行有顺序、有重点的观察,边观察边想象边思考,就可以促进学生抽象思维能力、形象思维能力的发展。

二、在合理想象中进行阅读思辨

想象是一种特殊的思维形式,是人在头脑里对已储存的表象进行加工改造并形成新形象的心理过程。美国著名教育家杜威说过："科学最伟大的进步是由崭新的大胆的想象力所带来的。"英国著名诗人布莱克也说过："今天在实践中证明的东西，就是过去在想象中存在的东西。"

想象属于高级的认知过程。从目的性的角度，可以分为有意想象和无意想象。根据想象内容的新颖性、独立性和创造性程度，又可分为再造想象、创造想象等。想象性是形象思维的根本特征。想象既然是对感官感知并贮存于大脑中的表象进行分解与重组的思维活动，其过程也必然需要抽象思维的介入。

比如，统编语文教材三年级上册《小狗学叫》这篇课文主要讲述一只不会叫的狗向公鸡、杜鹃等动物学叫的童话故事。教材的编写方式很有意思，课文最后呈现的是故事的三种结局，让学生预测想象：第一种结局是小狗跑到一片草地上看见一头小母牛在吃草，第二种结局是小狗碰到一个农民，第三种结局是小狗遇到了自己的同类。课后练习中的阅读思考题是："故事的几种结局可能是怎样的？说说你的理由。然后听老师读故事的结局，看看和自己的预测有哪些相同和不同。"根据第一种结局的提示，学生仿照课文中小狗向公鸡学叫而受到狐狸的嘲笑、向杜鹃学叫而受到猎人误射的情节，预测小狗可能向母牛学叫而受到主人责怪；根据第二种结局的提示，学生预测小狗可能被农民收留，但因为常常发出公鸡或杜鹃的叫声，后来会被农民赶走；根据第三种结局的提示，学生预测小狗和自己的同类成为好朋友，学会了狗叫，做回了自己。这样的教学，让学生在阅读想象中进行预测，在预测中进行思辨，把想象、预测和思辨有机结合起来，促进了学生形象思维和抽象思维的发展。

再如，统编语文教材五年级上册《四季之美》是日本著名作家清少纳言的作品，主要描写了春天的黎明、夏天的夜晚、秋天的黄昏和冬天的早晨的美丽景象，表达了作者热爱大自然的思想感情。课文在第 2 自然段

143

中写道："夏天最美是夜晚。明亮的月夜固然美,漆黑漆黑的暗夜,也有无数的萤火虫翩翩飞舞。即使是蒙蒙细雨的夜晚,也有一只两只萤火虫,闪着朦胧的微光在飞行,这情景着实迷人。"这一自然段另外一个版本的翻译是："夏季夜色迷人。皓月当空时自不待言,即使黑夜,还有群萤乱飞,银光闪烁;就连夜雨,也颇有情趣。"教学中,教师可以让学生想象课文描写的情景,围绕"'翩翩飞舞'和'群萤乱飞,银光闪烁',你更喜欢哪一种表达"进行思辨讨论。讨论中,有的学生说喜欢"翩翩飞舞",因为这是一篇写景的美文,用"群萤乱飞"感觉萤火虫杂乱无章地飞,一点美感也没有;"翩翩飞舞"这个词写出了萤火虫在夜晚飞舞的美感;"翩翩飞舞"这个词语体现了萤火虫飞舞的轻快。有的学生说喜欢"群萤乱飞,银光闪烁",因为这段写的是黑夜,黑夜中看不到萤火虫飞舞的翅膀、轻盈的样子,用"翩翩飞舞"不合适;黑夜只能看到萤火虫的光在闪烁,"群萤乱飞,银光闪烁"更真实,更能感受萤火虫飞行的自由……这样的教学,让学生合理想象,结合生活体验进行阅读思辨,表达自己的观点和理由,发展了学生的思维能力。

世界著名科学家爱因斯坦说过,在科学思维中常常伴着诗的因素,真正的科学和真正的音乐要求同样的想象过程。在思辨性阅读问题教学中,结合想象进行思辨,可以促进学生形象思维、抽象思维的协同发展。

第三节　思辨性阅读问题教学与审美体验

审美是人的高级精神活动之一,审美体验是人在审美活动中产生的对于审美价值的体验。在审美体验过程中培养学生的审美情趣,是语文教学的重要任务。

审美情趣是人们的审美情感和审美趣味的通称。审美情感是人由客观事物的善恶、美丑等属性所引起的主观情感反应。审美趣味是个人在审美活动和审美评价中表现出来的主观爱好和倾向。

审美情趣是人们根据自己的审美观,对自然、社会生活中的各种现象和事物,以及艺术作品的审美价值作出的直接、感性的审美评价和态度反应。它以人们的实践经验、思维能力和艺术修养为基础,以主观偏好的形式形成对客观美的理解和评价,对一个人世界观、价值观、人生观的形成与发展有着重要的影响。

《义务教育语文课程标准(2022年版)》把"审美创造"列为语文核心素养的重要内容,指出:"审美创造是指学生通过感受、理解、欣赏、评价语言文字及作品,获得较为丰富的审美经验,具有初步的感受美、发现美和运用语言文字表现美、创造美的能力;涵养高雅情趣,具备健康的审美意识和正确的审美观念。"

文本是作者审美情感和审美趣味的综合体现。在思辨性阅读问题教学中,教师要基于文本语言文字的学习运用,在阅读思辨中不断丰富学生的审美体验,积极培养学生的审美情趣,帮助学生形成健康的审美意识和正确的审美观念。

一、在审美情境中进行阅读思辨

小学语文教材中的课文都是文质兼美的佳作,艺术形象多姿多彩,语言文字生动精练,思想情感积极健康,意境优美深邃,蕴藏着巨大的审美价值。在思辨性阅读问题教学中,教师要充分挖掘文本中的审美因素,抓住文本的内容和语言,积极创设审美情境,让学生在加深文章内容理解的基础上,体验作者表达的审美情趣,提高学生的审美能力。

比如,统编语文教材六年级上册《书戴嵩画牛》主要讲述杜处士非常喜欢戴嵩画的《斗牛图》,有个牧童在杜处士晾晒《斗牛图》时指出图中牛尾巴画错了,引发苏轼思考的故事。阅读教学中,教师可以提出"戴嵩的《斗牛图》真的画错了吗? 牧童的话真的说对了吗"这样的思辨性问题,呈现其他画家画的《斗牛图》和摄影师拍的斗牛照片,引导学生在审美情境中进行思辨。学生在欣赏画家作品和摄影作品中发现:牛斗时,有的牛如戴嵩《斗牛图》画的那样"掉尾而斗",有的牛如牧童说的那样"尾搐入两股间";不同的牛、不同的时候,牛斗时尾巴的姿态是不一样的。通过讨论交流,学生进一步感悟到:戴嵩没有画错,牧童也没有说错,他们所画、所说的都是自己亲眼所见的现象;但是每个人的认识都是有局限性的,难以看到生活中的所有现象,难以全面深刻地看待问题……这样的教学,让学生在审美情境中进行阅读思辨,不仅提高了学生的思维能力和认识水平,也提高了学生的审美鉴赏能力。

再如,统编语文教材六年级上册《月光曲》主要讲述贝多芬给一位盲姑娘弹琴并创作了《月光曲》的传说。阅读教学中,教师可以出示三段音乐和思辨性阅读问题:"你认为这三段音乐中,哪一段最符合《月光曲》这首曲子的旋律特点?"让学生先根据课文语言描述画面:"月亮正从水天相接的地方升起来。微波粼粼的海面上,霎时间洒满了银光。月亮越升越高,穿过一缕一缕轻纱似的微云。忽然,海面上刮起了大风,卷起了巨浪。被月光照得雪亮的浪花,一个连一个朝着岸边涌过来……"再进行辨别判断,引导学生联系课文关键词句说明理由,在审美情境中培养学生的审美意识和思维能力。

二、在情感体验中进行阅读思辨

我国南北朝时期著名学者刘勰在《文心雕龙》中说:"夫缀文者情动而辞发,观文者披文以入情,沿波讨源,虽幽必显。"这句话的意思是说,作者是由于情感触动而写作的,读者通过分析作品就能把握作者的感情,这就好像沿着水波追寻水源一样,即使是幽深隐秘的东西也能显露出来。审美情感是推动审美创作表达的原动力,既表现为对作者作品的情感把握,也表现为学生感受的情感投入。在阅读过程中,学生的情感倾向对审美价值的选择、判断和鉴赏具有重要的意义。思辨性阅读问题教学要引导学生与作者进行情感交流,实现情感共鸣,这样更能激发学生阅读思辨的火花,加深学生阅读理解和审美体验。

比如,统编语文教材五年级下册《自相矛盾》主要讲述楚国有个卖盾和矛的人,在自我夸耀中前后相互矛盾、不能自圆其说的故事。在初读课文的基础上,教师可以创设情境,让学生扮演楚人,先用课文中的文言语句来夸耀自己的盾和矛,引导学生进一步正确、流利地朗读文言文;再用自己平常生活中说的话来自我夸耀,引导学生理解文言语句的意思。然后教师突然提问:"以子之矛陷子之盾,何如?"创设这样一个具有冲突性的教学情境,就能激发学生阅读思辨,加深审美体验。

再如,统编语文教材二年级下册《大象的耳朵》主要讲小兔子等动物认为大象的耳朵耷拉着是有毛病,大象开始怀疑自己的耳朵真的有问题,就用竹竿把耳朵撑起来,结果总有小虫子钻进耳朵里,最后又把耳朵放下来的故事。教学中,教师可以先让学生读读小兔子和小羊说的话:"你看,我的耳朵是竖着的,你的耳朵一定是有病了。""大象啊,你的耳朵怎么是耷拉着的呢?"比较他们说的话的相同之处;再让学生想象小鹿、小马、小老鼠见到大象会怎样说他的耳朵,分角色进行朗读;然后让扮演大象的学生说说听了这么多动物说他耳朵有毛病,自己的心情有什么变化;最后提出思辨性阅读问题引导学生思考:"为什么大象一开始听小白兔说他耳朵有毛病时不以为然,但是小羊、小鹿、小马、小老鼠都说他耳朵有毛病时就不安起来呢?"这样的教学,让学生在分角色朗读、情感体验过程中感受大象的心理变化过程,就不难让学生明白道:在遇到他人有不同看法时要学会冷静思考,不能人云亦云,盲目相信。

第四节　思辨性阅读问题教学与文化理解

文化,广义上是指人类在社会实践过程中所形成的物质、精神的生产能力和创造的物质、精神财富的总和,狭义上是指精神生产能力和精神产品。文化是一个民族凝聚力和创造力的重要源泉,也是一个国家综合竞争力的重要因素。不同的民族、不同的国家,创造了不同的文化,构成了世界文化和文明的多样性。文化多样性是人类社会的基本特征,也是人类文明进步的重要动力。

《义务教育语文课程标准(2022年版)》指出"语言文字是人类社会最重要的交际工具和信息载体,是人类文化的重要组成部分",义务教育语文课程要"使学生初步学会运用国家通用语言文字进行交流沟通,吸收古今中外优秀文化成果,提升思想文化修养,建立文化自信,德智体美劳得到全面发展",教材选文要"文质兼美,具有典范性,富有文化内涵和时代气息"。

工具性与人文性的统一是语文课程的基本特点。语文课程对增强民族文化认同感、吸收人类优秀文化的营养具有不可替代的优势。在思辨性阅读问题教学中,教师要引导学生在阅读思辨中理解和继承中华优秀传统文化、革命文化、社会主义先进文化,增强学生的民族自尊心和爱国主义感情,理解和借鉴不同民族和地区的文化,拓展文化视野,提高文化品位。

一、在文化传承中进行阅读思辨

文化是由人类长期创造形成的历史产物。文化是能够传承和传播的意识形态,包括国家或民族的价值观念、思维方式、生活方式、行为规范、艺术文化、科学技术等。人类文化一直影响着人们的生活,在现代生活中仍然有其重要价值。在思辨性阅读问题教学中,教师要引导学生继承优秀的中外传统文化。

比如,统编语文教材二年级上册《难忘的泼水节》主要讲述 1961 年周恩来总理到西双版纳和傣族人民一起过泼水节的故事。由于环保教育的增强,教学中常有学生会提出问题:"地球上的水资源越来越少,这样泼水不是浪费水资源吗?"阅读教学中,教师一方面要引导学生深入理解课文中的关键句:"开始泼水了。周总理一手端着盛满清水的银碗,一手拿着柏树枝蘸了水,向人们泼洒,为人们祝福。傣族人民一边欢呼,一边向周总理泼水,祝福他健康长寿。"另一方面要提供有关傣族泼水节的来历及风俗的简介,让学生了解泼水节是傣族一年中最盛大的传统节日,泼水寄托着人们的美好祝福,明白爱水的傣族人民一定也会珍惜水资源。这样的教学,就能让学生在阅读思辨中理解泼水节的民族文化内涵,正确认识传统文化与现代生活观念之间的关系。

再如,统编语文教材五年级下册《梅花魂》主要写一位老华侨平时十分珍爱墨梅图,在外孙女回国之际把墨梅图和绣着血色梅花的手绢郑重地交给她的故事,勾勒出一位眷恋祖国的海外游子形象。教学中,教师可以出示思辨性阅读问题:"外祖父非常爱惜墨梅图,为什么不自己珍藏而把它送给外孙女?"让学生在阅读中进行思辨。有的学生说梅花在中华传统文化中是一种精神的象征,送给外孙女是因为外祖父希望她做一个跟梅花一样有品格、有灵魂、有骨气的中国人;有的学生说外祖父自己不能回国,墨梅图是他最心爱的物品,让外孙女把墨梅图带回国就代表他自己的心也回到了祖国……在阅读思辨中,学生深刻理解了梅花在中华传统文化中的丰富内涵,感受到海外游子的爱国之心。

二、在文化发展中进行阅读思辨

人类社会总在不断发展，人类文化也随之不断发展。在社会发展过程中，有些传统文化不能适应现代社会发展需要，会逐步被淘汰；有些传统文化融入了时代新元素，不断地发扬光大。在思辨性阅读问题教学中，教师要引导学生正确理解中外传统文化，取其精华去其糟粕，在扬弃中继承和发展。

比如，统编语文教材三年级下册《元日》这首古诗："爆竹声中一岁除，春风送暖入屠苏。千门万户曈曈日，总把新桃换旧符。"逢年过节燃放爆竹的习俗，在我国已有两千多年的历史。最早是古人烧竹子使竹子爆裂发出响声驱鬼辟邪，后来逐步演变成燃放烟花鞭炮营造喜庆热闹的气氛，驱除晦气。古诗教学中，学生经常会提出现在不能燃放烟花爆竹，少了很多热闹等问题。教师引导学生阅读思辨：既要理解古诗内容，感受诗中描写的新年元日热闹欢乐、万象更新的景象，感受传统节日风俗习惯的文化内涵，也要正确认识燃放烟花鞭炮影响空气质量、带来噪音、容易引发火灾等多种危害，增强文明过节的意识。

再如，统编语文教材四年级下册《"诺曼底号"遇难记》主要讲述哈尔威船长在"诺曼底号"客轮遭到撞击即将沉没时，镇静指挥乘客和船员成功脱险，自己却随着客轮沉入海底的故事。阅读中学生常会提出这样的问题："哈尔威船长为什么要选择和'诺曼底号'一起沉入大海？"有的学生会联系课文中的语句"他一生都要求自己忠于职守，履行做人之道"，认为哈尔威船长把船看得比自己生命还重要，在指挥乘客和船员脱险时说"必须把六十人救出去"，船上实际有六十一人，他没有把自己算进去，说明他早已决定与船共存亡，这是他"忠于职守，履行做人之道"的表现；有的学生会联系课文中的语句"面对死亡，他又践行了一次英雄的壮举"，认为哈尔威船长具有英雄主义情怀，他用行动实现了成为英雄的梦想；有的学生会引用查阅的资料，认为当时船长在船上有着至高无上的权力，同时也有一个不成文的规矩——就是船沉没时其他人可以逃生，船长必须与船共存亡，哈尔威船长用自己的生命维护了"船长"的荣誉……在初步讨论的基础上，教师可引导学生围绕"在指挥乘客和船员脱险后，船长有机会逃生时到底该怎样做"展开阅读思辨，让学生思考：哈尔威船长和"诺曼底号"一起沉入大海，也许是哈尔威船长已经没有机会逃生；也许作者写这篇小说的目的就是要赞美哈尔威船长忠于职守、敢于牺牲的精神或英雄主义情怀；作为船长，哈尔威船长必须舍己救人，但是在乘客和船员脱险后，如果有机会自救也应努力求生，因为生命是无价的。这样的教学，既尊重了文本和作者，尊重了当时的文化背景，也结合现代社会人生观和价值观，全面理解"忠于职守""履行做人之道""英雄"等文化内涵，增强学生的生命意识。

我国唐代诗人崔道融在《古树》一诗中写道："古树春风入，阳和力太迟。莫言生意尽，更引万年枝。"古今中外优秀文化成果，犹如一棵棵参天大树。思辨性阅读问题教学，要引导学生发现欣赏，甄别判断，让学生在继承和发扬民族优秀文化的过程中增强文化自信，了解和借鉴世界文明优秀成果，关注和参与当代文化生活，不断开阔文化视野，提升文化底蕴。

第七章
思辨性阅读能力教学测评

　　教学测评是运用评价技术和手段,依据教学目标,有计划有目的地对学生学习活动的过程或结果进行测定分析与价值判断的过程。教学测评目的不仅是为了考查教学实现课程目标的程度,更重要的是检验和改进教师的教与学生的学,完善教与学的过程,促进学生的发展。问题或任务是教学测评题目的主体部分,在阅读试卷中编制思辨性试题,是测评学生思辨性阅读能力的重要手段。

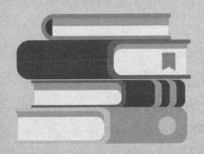

第一节　思辨性阅读能力测评材料的选择

《义务教育语文课程标准(2022 年版)》在"阶段性评价建议"中指出"阶段性评价可以根据不同情况灵活选择评价手段,可以采取纸笔形式""纸笔测试要注意与日常教学的融合,增强测评题目的科学性、多样性,发挥阶段性评价的诊断、调节功能,避免消极影响和干扰日常教学"。在"学业水平考试"中建议:"命题材料要能够体现问题或任务的对象、目的与要求,能够启发学生调动既有知识和资源解决问题、完成任务,能够为学生解决问题、完成任务提供背景材料或知识支架。"

纸笔测评以纸和笔为测试工具,主要测定和分析学生知识掌握或认知能力发展水平。随着现代教育技术的发展,以计算机为测试工具的评价方式逐渐普及。但纸笔测评实施方便,仍然是一种常用的重要测评方式。

阅读测评需要学生在规定时间内阅读特定的文本材料并完成相应的试题,文本材料是影响阅读测评效度的重要因素之一。国际阅读素养进展评估(简称 PIRLS,面向 9 岁左右的学生)和国际学生评估项目(简称 PISA,面向 15 岁左右的学生)中的阅读素养测评框架,都非常重视阅读内容与文本材料的选择:

项目	阅读目的	阅读内容	阅读文本
PIRLS	为获取文学体验	小说、故事、传说等	文学类文本
	为获取和运用信息	传记、说明书、广告、通告等	信息类文本

（续表）

项目	阅读目的	阅读内容	阅读文本
PISA	为个人用途	书信、小说、传记等	形式:连续性文本、非连续性文本、混合文本、多重文本 类型:叙述、描述、说明、议论、指示、交流 媒介:印刷文本、数码文本 组织与导航:静态文本、动态文本
	为公共用途	通知、布告、计划、方案等	
	为工作	说明书、手册、计划表、报告、备忘录等	
	为教育	课本、地图、纲要等	

阅读评价目的与文本材料选择密切相关,为获取文学体验的阅读,需要选择文学类文本;为获取和运用信息的阅读,需要选择信息类文本。要提高阅读测评的可信度,必须重视文本材料的选择,根据评价目的选择合适的文本材料。

阅读评价要综合考查学生阅读过程中的感受、体验和理解,既要关注其阅读兴趣与价值取向、阅读方法与习惯,也要关注其阅读面、阅读量及选择阅读材料的能力,还要重视对多角度、有创意的阅读的评价。为了更好地检测学生思辨性阅读能力,要适当选择具有多元选择性、矛盾冲突性、批判质疑性等特点的文本材料。从阅读测评文本材料的数量上,可以根据测评需要,灵活选择单文本或多文本材料。

一、单文本阅读测评材料的选择

单文本阅读是日常生活、工作和学习中最常见的阅读方式,单文本阅读测评就是通过一个单独的文本材料来测评学生的阅读能力。单文本阅读测评材料,可以是由逻辑严密的句子、段落构成,结构相对完整的连续性文本;可以是结构、语言上不具有完整性的非连续性文本;也可以是由连续文本段落和非连续文本构成的混合文本,如带有图表的调查报告、配上插图的小说等。

在国际阅读素养进展评估（PIRLS）中，为文学体验而阅读的测评材料主要是小说、故事、传说等。如，《小海鹦鹉之夜》主要讲述了荷拉和她的朋友们每晚打着手电筒在村庄里寻找、救护受困小海鹦鹉的感人故事。为获取和使用信息而阅读的测评材料主要是广告、说明书等。如，《发现一日健行的乐趣》是一份旅行建议书，正文小标题有"计划你的一日健行""装备清单""健行的安全守则"等，文本信息量大，和生活联系紧密。

《义务教育语文课程标准（2022 年版）》在"思辨性阅读与表达"学习任务群中对不同学段的"学习内容"提出了相应的建议：

学 段	学习内容
第一学段	阅读有趣的短文，发现、思考身边的鸟兽虫鱼、花草树木、家用电器等日常事务的奇妙之处……
第二学段	阅读有关科学的短文，尝试发现日月星辰、风雨雷电、山川草木等大自然的奥秘；阅读解决生活问题的故事，尤其是中华智慧故事……
第三学段	阅读关于中华传统美德、社会公德等方面的短论、简评；阅读有关科学发现、技术发明的故事；阅读哲人故事、寓言故事、成语故事……
第四学段	阅读关于生活感悟、生活哲理方面的优秀作品；学习关于科学探究方面的文本；阅读诗话、文论、书画艺术论的经典片段；学习革命领袖的理论文章、经典的思辨性文本（包括短小的文言经典）……

语文课程标准中这些"学习内容"的提示，为阅读测评文本材料的选择指明了方向。为了便于编制思辨性阅读能力测评试题，可以选择像统编语文教材三年级下册课文《剃头大师》这类表达内容或形式本身就有矛盾的文本，也可以选择像统编语文教材三年级下册课文《方帽子店》这类表达内容或形式与学生已有学习经验相冲突的文本。

比如，六年级上册期末阅读测评选择的文本材料是《鹿和狼的故事》，主要讲述美国为了保护凯巴伯森林的鹿而对狼大肆捕杀，结果反而造成森林遭到破坏、鹿的数量锐减的故事。选择这个文本材料，一方面对应《义务教育语文课程标准（2022 年版）》"思辨性阅读与表达"学习任务群"学习内容"中提出的"阅读哲人故事、寓言故事、成语故事……"的要求，同时检测第三学段"阅读与鉴赏"中提出的"在交流和讨论中，敢于提出看法，作出自己的判断""阅读叙事性作品，了解事件梗概，能简单描述印象最深的场景、人物、细节，说出自己的喜爱、憎恶、崇敬、向往、同情等感受"

等要求；另一方面对应统编语文教材六年级上册第六单元《只有一个地球》《青山不老》《三黑和土地》等课文的内容主题，引导学生对人和自然如何相处等问题进行阅读思考，同时检测评价学生对单元语文要素"抓住关键句，把握文章的主要观点"的掌握情况。

当然，思辨性阅读能力测评过程中，选择单文本阅读测评材料，文本的难易程度、字数多少、体裁样式等要尽量和现行小学语文教材中的要求相符，接近学生平时阅读的情境，反映学生真实的阅读水平，努力体现"教—学—评一致性"原则，增强阅读能力测评的有效性。

二、多本文阅读测评材料的选择

多文本阅读也是日常生活、工作和学习中重要的阅读方式。国际阅读素养进展评估（PIRLS）十分重视多文本阅读，曾经选用过的多文本阅读测评材料《南极洲》，主要由文学类文本《来自南极洲的信》和信息类文本《南极洲简介》组成，其中《南极洲简介》用文字和图片的形式介绍了"南极洲是什么""南极洲的天气""南极洲的企鹅"等信息。国际学生评估项目（PISA）也非常重视多文本阅读测试，2018 年阅读素养测评中单一文本、多重文本测评的分值比例为 65％、35％，并把多重文本定义为"由几篇相对独立的文本构成，这些文本可以是连续性文本，也可以是非连续性文本，文本与文本之间的关系比较松散或不明显，甚至可以互相矛盾"。

小学阅读测评中,多文本阅读测评主要是通过多个文本的组合材料来测评学生的阅读能力。多文本阅读测评关键是确定合适的议题来选择和组合文本,可以以文章体裁为议题,如围绕神话或童话、寓言、小说等某种体裁选择和组合多个文本;以文章内容为议题,如围绕人物或事件、时间、地点等某个方面选择和组合多个文本;以表达方式为议题,如围绕结构或动作、语言、心理等某种表达方式选择和组合多个文本;以文章作者为议题,如围绕某位作家选择和组合多个文本;以人文主题为议题,如围绕诚信或尊严、亲情或友情、保护环境等某个人文主题选择和组合多个文本等。

为了便于编制思辨性阅读能力测评试题,多文本测评材料可以选择像统编语文教材五年级下册《金字塔》那样由连续性文本《金字塔夕照》和非连续性文本《不可思议的金字塔》两篇短文组成的文本,也可以像三年级下册课文《陶罐和铁罐》加阅读链接《北风和太阳》这样以"单元课文+阅读链接"的方式进行多文本组合。

比如,五年级下册期末阅读测评以文章内容为议题,聚焦"纸质书阅读和电子书阅读",选择了三个短小的文本:"材料一"主要介绍传统的纸质书的阅读特点,"材料二"主要介绍现在流行的电子书的阅读特点,"材料三"呈现2021年我国"第十八次全国国民阅读调查"结果中有关纸质书阅读、电子书阅读的统计数据及图表。这样选择阅读文本材料,对应了统编语文教材五年级下册第七单元中《金字塔》一课连续性文本和非连续性文本组合的编排方式,引导学生比较阅读,为编制"纸质书是否会消失"等思辨性阅读能力测评试题提供材料,同时检测和评价学生根据要求提取信息、运用信息解决问题等阅读能力。

第二节　思辨性阅读能力测评试题的编制

《义务教育语文课程标准(2022年版)》在"学业水平考试"中指出"问题或任务是题目的主体部分""阅读与鉴赏类问题或任务要立足文本信息的提取、归纳、概括,考查学生对作品思想内容、篇章结构、表现手法、语言风格的理解和把握,引导学生对作品的创作动机、表达效果作出合理评价"。

试题的编制是阅读测评的核心环节。编制测试题目,需要考虑题目的内容、类型等方面的问题。题目的内容要围绕教学目标、教材要求,突出每个学段、每个年级、每个学期的教学重点,对教学活动发挥导向作用。题目的类型要合理,分值比例要恰当,题干的表述要简明、准确和规范。

一、明确思辨性阅读能力测评的目标

阅读试卷命题中,阅读测评目标的把握是关键。阅读能力是一个多侧面、多层次的复合结构,国际阅读素养进展研究项目(PIRLS)和国际学生评估项目(PISA)在测评框架中将阅读理解过程或阅读认知策略分解为:

项目	阅读层级	内容描述或要素	分值
PIRLS	关注并提取	从文章中找到明确的直接陈述的信息和观点。	20%
	直接推论	联系两个及以上观点或信息片段,关注局部或与整体联系,对没有明确陈述的观点和信息进行推论。	30%
	解释并整合	在文本观点间建立联系、综合信息,或思考文本意义更丰富的内涵。	30%

项目	阅读层级	内容描述或要素	分值
PIRLS	检视并评价	从个人或批判等角度，对文本的内容、语言或文本的成分进行审视和鉴赏。	20％
PISA	定位信息	访问和检索文本信息，搜索和选择相关文本。	25％
	理解文本	描述文本大意，整合和形成推论。	45％
	评价与反思	评价质量和可信度，反思内容和形式，发现和处理冲突。	30％

不难看出，以上两个阅读评估项目都非常重视学生阅读反思与评价能力的测评。

国际阅读素养进展研究（PIRLS）对"检视并评价"的基本要求是：对文本的内容可以从整体价值、可信性和与读者的相关性等方面进行评价，对文本的结构和语言可以从有效性、完整性和使用效果等方面进行评价。阅读者要从文本意义的建构转换到对文本本身的评价，发现作者成功的技巧，指出作者写作的缺点，这更加依赖于阅读者对世界的认识和已有的阅读经验。

国际学生评估项目（PISA）2018 年的阅读素养测评中，将阅读素养定义为"为了达成某个目标、发展个人的知识和潜能及参与社会活动而对文本的理解、使用、评价、反思、参与的能力"，在以前的定义中加入了"评价"一词；还在阅读策略"评价与反思"中加入了"发现和处理冲突"的要求，将"发现和处理冲突"策略描述为"比较不同文本的信息时，能识别文本之间的矛盾，并且解决这些矛盾"。可见，阅读者对文本意义的理解，不是简单地追寻作者的原意，而是要根据阅读者的阅读目的和经验对文本进行加工，体现出明显的读者意识。

反思与评价是阅读思辨的重要方式，国际阅读素养进展研究（PIRLS）和国际学生评估项目（PISA）都非常重视对学生阅读反思与评价能力的测评,这也进一步说明关注学生思辨性阅读能力测评的必要性。我国中小学阅读测评以提取信息、解释与整合信息为主,急须加强以反思与评价为核心的思辨性阅读能力的测评。

《义务教育语文课程标准(2022 年版)》在"学业质量描述"及"思辨性阅读与表达"学习任务群中对不同学段的思辨性阅读提出了具体要求:

学段	学业质量描述	学习内容
第一学段	在阅读过程中能根据提示提取文本的显性信息,通过关键词句说出事物的特点,作简单推测;能借助关键词句复述自己读过的故事或其他内容,尝试对阅读内容提出问题……	引导学生多观察相似事物的异同点,多问为什么……
第二学段	在阅读过程中能提取主要信息,借助阅读经验和生活经验预测情节发展;能结合关键词句解释作品中人物的行为,从某个角度分析和评价人物……根据自己的阅读理解提出问题并与他人交流……	引导学生发表对文本的看法,尝试表达自己的观点,从文本中寻找证据支持自己的观点……
第三学段	能概括说明性文字的主要内容或简单的非连续性文本的关键信息,初步判断内容或信息的合理性……能借助与文本相关的材料,结合作品关键语句评价文本中的主要事件和人物,提出自己的观点或看法……	引导学生分析证据和观点之间的联系,辨别总分、并列、因果等关系,有条理地表达自己的观点。鼓励学生对文本进行评价……
第四学段	能提取、归纳、概括主要信息,把握信息之间的联系,得出有意义的结论;能利用掌握的多种证据判断信息的真实性与可信度,能运用文本信息解决具体问题。阅读简单议论性文章,能区分观点与材料,并能解释观点与材料之间的联系;能运用实证材料对他人观点作出价值判断……	引导学生客观、全面、冷静地思考问题,识别文本隐含的情感、观点、立场,体会作者运用的思维方法,如比较、分析、概括、推理等,尝试对文本进行评价……

　　思辨性阅读能力测评,可以结合国际阅读评价项目的框架结构与说

明、新版义务教育语文课程标准和统编小学语文教材的要求,逐步建构小学各学段思辨性阅读能力测评目标,使思辨性阅读能力变得具体可测,提高测评的效度。

二、优化思辨性阅读能力测评的题型

阅读测评题目的类型一般分为客观题和主观题。客观题也称固定应答型试题,是让学生从事先拟定的答案中辨认出正确答案的题目,主要有判断题、选择题等形式,具有命题灵活性大、知识覆盖面广、考查偶然性小等优势,评分时可以避免阅卷人主观因素的干扰,还可以通过机器阅卷来提高阅卷效率。主观题也称自由应答型试题,是让学生根据自己积累的知识与经验对某一问题发表观点的题目,主要有简答题、论述题等形式,在考查学生语言表达能力、思维能力等方面有独到的功能,但评分容易受评卷人主观因素的影响。一份阅读测评试卷应将客观题和主观题相结合,充分发挥不同题型的功能,全面测评学生的阅读能力。

国际阅读素养进展研究(PIRLS)因为面向 9 岁左右的学生,题型较为简单,主要有选择题和建构反应题。选择题一般为学生提供四种可能的答案,其中一个是最正确或恰当的。选择题虽然适合"关注并提取""直接推论""解释并整合""检视并评价"中任何一个理解层次,但因为不能让学生解释,所以不太适合用来评价学生解释和评价的能力。建构反应题一般是简答题,要求学生从文中寻找观点和依据,说明自己对文本的理解与评价。建构反应题适合"关注并提取""直接推论""解释并整合""检视并评价"中任何一个理解过程,要求学生建构自己的答案,最适合评价学生解释和评价的能力。国际学生评估项目(PISA)面向 15 岁左右的学生,阅读素养测评的题型更为丰富,有单项选择、多项选择、封闭式问答、简答、开放式问答等题型。

编制思辨性阅读能力测评试题,可以发挥客观题的优势,通过判断题、选择题等引导学生阅读文本、比较辨析,测评学生的思辨性阅读能力。比如,国际阅读素养进展研究(PIRLS)中《倒立的老鼠》的阅读测评题目:

文章是用什么方法让你知道第二天晚上老鼠对眼前景象的想法的?

A. 告诉我们拉本对老鼠的看法。　　B. 描述老鼠所居住的地方。

C. 告诉我们老鼠彼此的对话。　　　D. 描述老鼠喜欢的东西。

以下哪个词最能形容这个故事?

A. 严肃且悲伤。　　　　　　　　　B. 恐怖且令人兴奋。

C. 有趣且机智。　　　　　　　　　D. 紧张且神秘。

编制思辨性阅读能力测评试题,更要发挥主观题的优势,通过简答、论述等题型,鼓励学生在文本阅读中分析推理,有理有据地陈述自己的观点和依据,以便更好地测评学生的思辨性阅读能力。比如,国际阅读素养进展研究(PIRLS)中单文本阅读《倒立的老鼠》的测评题:"你觉得老鼠很容易被骗吗? 说出一个理由。""思考故事中的拉本和老鼠的举动,解释一下是什么使这个故事显得不可信。"多文本阅读《南极洲》的测评题目:"你想去南极洲旅行吗? 请你利用《南极洲简介》和《来自南极洲的信》的内容,说明你想去或不想去的理由。""这篇文章用两种不同方式介绍南极洲:《南极洲简介》和《来自南极洲的信》,你认为哪一种资料比较有趣? 为什么?"

借鉴国际阅读测评项目题型编制的相关策略,教师要依据阅读测评目标和测评文本,合理编制思辨性阅读测评试题。比如,六年级上册期末单文本阅读测评《鹿和狼的故事》,可以编制思辨性阅读问题:"在《鹿和狼的故事》中,有人认为鹿是受害者,有人认为狼是受害者,有人认为森林是受害者,有人认为人是受害者,你同意谁的观点? 结合文本内容,简要写出理由。"或"读完这个故事,你认为人与自然应如何相处? 结合文本内容,简要写出自己的观点和理由。"五年级下册期末多文本阅读测评"纸质书阅读和电子书阅读",可以编制思辨性阅读试题:"有人说纸质书会消失,你同意这个观点吗? 请结合上面提供的三个材料中的有关内容,简要写出自己的观点和理由。"用这样的思辨性试题作为测评题目,可以引导学生联系文本内容进行深入阅读思考,充分发表自己的想法,从而有效检测和评价学生思维的逻辑性、表述的条理性等阅读素养水平。

第三节　思辨性阅读能力测评标准的拟定

拟定测评标准也是阅读教学测评的重要内容,具体包括制定参考答案、制定评分标准等。由于思辨性阅读试题具有多元选择性、矛盾冲突性和批判质疑性等特点,阅读测评的答案往往是开放的。如果评价者不能给出科学合理又便于操作的评价建议,就难以保证测评客观公正,甚至还会挫伤学生阅读思辨的积极性,影响思辨性阅读教学的开展。

一、体现思辨性阅读试题测评的开放性

思辨是对事物进行分析推理、批判质疑并作出合理的价值判断的思维活动,最终目的是提高思维的逻辑性、辩证性、广阔性等品质。阅读是个性化行为,思辨性阅读试题的答案通常是开放的。《义务教育语文课程标准(2022 年版)》在"学业水平考试"中鼓励增加开放性试题比例。编制思辨性阅读试题测评参考答案,评价者应从多角度、多层次进行思考,鼓励学生个性化解读、有创意地解读,充分发掘学生阅读思辨的闪光点,不能用评价者的解读来代替学生的解读,不能用模式化的解读来代替学生的多元化解读。

国际阅读素养进展研究(PIRLS)在建构反应题的评价指导中,要求针对学生答案的多样性,为评分者客观评价学生的阅读能力提供清晰的评价标准,以保证开放题的评分信度;评分标准要尽可能地确定每道开放

题所期望的答案,在具体评价时还应参照学生的答案进一步补充完善。国际阅读素养进展研究(PIRLS)曾有单文本《裁缝》的阅读测评,编有"Sofia 在这个故事里有了不同的感情,写出 Sofia 三种不同的情感,并解释她为什么会有这样的情感""为什么'生活的改变与继续'是文本的另一个好名字"等测评题目。这些题目都具有一定的开放性,学生的回答是多种多样的,评价标准要尽可能考虑周全。

比如"Sofia 在这个故事里有了不同的感情,写出 Sofia 三种不同的情感,并解释她为什么会有这样的情感"这道题,评价标准提示了多个思考角度:Sofia 在故事中有不安、高兴、感谢、想念等感情——"不安"是担心 Totio 改变主意不把裁缝店让她接管,"高兴"是因为 Totio 把裁缝店给了她,"感谢"是因为 Fernanda 建议 Totio 让她来接管裁缝店,"想念"是因为 Fernanda 和 Totio 第二天就离开裁缝店不回来了……

"为什么'生活的改变与继续'是文本的另一个好名字"测评建议中也提示了多个思考角度:改变是因为 Sofia 接替了 Totio 管理裁缝店,开始了新的生活,但裁缝店会继续为顾客服务,继续给 Totio 提供一些生活费;改变是因为 Totio 年纪大了不能做裁缝工作,回到了曾经居住过的地方继续生活;改变是因为 Totio 本来想把缝纫机卖掉,听了 Fernanda 的建议后改变了想法,把缝纫店转给 Sofia 继续为顾客服务;裁缝店招牌虽然改变了,但是人与人之间的情感仍将继续……

编制思辨性阅读试题的评价标准,测试前要充分预测学生的答案,测试后还要搜集学生的答案,进一步修改完善评价标准,努力提高评价的科学性、客观性、全面性。比如,六年级上册期末单文本《鹿和狼的故事》的阅读测评,对思辨性阅读试题"读完这个故事,你认为人与自然如何相处?结合文本内容,简要写出自己的观点和理由"的解答,要允许学生有"人们不能破坏自然界的生态平衡""事物之间是有联系的,我们要尊重大自然的规律"等多种观点,只要言之有理即可。

再如，五年级下册期末多文本"纸质书阅读和电子书阅读"的阅读测评，对思辨性试题"有人说纸质书会消失，你同意这个观点吗？请结合上面提供的三个材料中的有关内容，简要写出自己的观点和理由"的解答，要允许学生有"纸质书是不会消失的，因为纸质书可以带来文化体验和精神享受""电子书阅读的人会多起来，纸质书阅读的人会少一些"等多种观点，同样只要言之有理即可。

学生对阅读材料的感受和理解往往是多元的，阅读教学既要重视文本内容的价值取向，也要尊重学生的独特体验。编制思辨性阅读试题的测评标准，教师需要从多个角度进行全面思考。

二、体现思辨性阅读试题测评的层次性

客观公正是教学测评的重要原则。面对学生的个性化解读、有创意的解读，教师必须根据学生答题情况给予客观公正的评价。《义务教育语文课程标准（2022年版）》在"学业水平考试"中指出，要健全主观性、开放性试题的评分标准，根据学生的认知发展水平，对简单结构作答和复杂结构作答实行分级赋分。

教育心理学专家彼格斯首创了一种以等级描述为特征的学生学业评价方法，即SOLO分层评价法：前结构层级，学生基本上无法理解问题和解决问题，只提供了一些逻辑混乱、没有论据支撑的答案；单点结构层级，学生找到一个解决问题的思路，却单凭一点论据就跳到答案上去；多点结构层级，学生找到多个解决问题的思路，但未能把这些思路有机地整合起来；关联结构层级，学生找到多个解决问题的思路，并能够把这些思路结合起来思考；抽象拓展层级，学生能够对问题进行抽象概括，从理论的高度来分析问题，而且能够深化问题，使问题本身的意义得到拓展。[①]

---

① ［澳］约翰 B.彼格斯，凯文 F.科利斯.学习质量评价：SOLO分类理论（可观察的学习成果结构）[M].高凌飚，张洪岩，译.北京：人民教育出版社，2010：27－32.

国际阅读素养进展研究（PIRLS）在建构反应题的评价指导中，也要求评分指导足够明确，给所有恰当的答案适当的分数；每个评分指导要包括每个水平的得分及评分标准，呈现回答符合标准的具体说明等。

比如，在单文本阅读材料《裁缝》测评中，对"Sofia 在这个故事里有了不同的感情，写出 Sofia 三种不同的情感，并解释她为什么会有这样的情感"的评分指导是：

扩展的理解（3 分）：能够将全文中说明 Sofia 在故事里的情感的观点进行整合，回答描述出三种恰当的情感，而且为每一种都提供了恰当的解释；

满意的理解（2 分）：能够将全文中解释 Sofia 在至少一个故事情节中的情感的观点进行整合，回答描述了至少两种恰当的情感，而且为两种情感提供了恰当的解释；

最小的理解（1 分）：能够将解释 Sofia 在故事某一部分中的情感的观点进行整合，回答至少描述出一种恰当的情感，并为其提供了恰当的解释；

没有一点理解（0 分）：没有描述出一种恰当的情感或提供恰当的解释。

对"为什么'生活的改变与继续'是文本的另一个好名字"的评分指导则是：

完整的理解（2 分）：回答体现出对故事主题的完整的理解，理解故事既是关于改变的又是关于继续的，并且联系这一主题的两个方面来描述故事的成分；

部分的理解（1 分）：回答体现出对故事主题的部分理解，只理解故事主题的一个方面，或是关于改变的，或是关于继续的；

完全不理解（0 分）：回答跟故事内容或主题没有关系，既没有关于改变的，也没有关于继续的。

参照彼格斯的 SOLO 分层评价法和国际阅读素养进展研究(PIRLS)的评分指导建议，我们在思辨性阅读试题的教学测评中，要尽可能根据学生思辨阅读能力给予合理的评分。比如，六年级上册期末阅读测评《鹿和狼的故事》的思辨性试题"读完这个故事，你认为人与自然如何相处"，能提出"人们不能破坏自然界的生态平衡""事物之间是有联系的，我们要尊重大自然的规律"等观点，并能结合"狼死了鹿大量繁殖""鹿大量繁殖森林被破坏""森林破坏鹿没有食物而死亡"等多个信息综合分析，建议得 3 分（满分），观点正确深刻但只能提取少量信息分析建议得 2 分；"狼和鹿都是人类的朋友""鹿太多了会毁坏森林"等观点较浅，或结合文本单个信息进行回答的，建议得 1 分，对"狼是凶恶残忍的"之类和文本主要观点无关的答案建议不给分。

再如，五年级下册期末阅读测评"纸质书阅读和电子书阅读"的思辨性试题"有人说纸质书会消失，你同意这个观点吗？请结合上面提供的三个材料中的有关内容，简要写出自己的观点和理由"，能提出"纸质书是不会消失的，因为纸质书可以带来文化体验和精神享受""随着科技发展，电子书阅读的人会越来越多"等观点，并能结合两至三个文本中提取的信息进行综合分析的，建议得 3 分，观点正确深刻但只能提取一个文本中的信息建议得 2 分；"纸质书可能暂时不会消失"等观点理解浅显，且只能结合一个文本中的单个信息回答的建议得 1 分，对"现在纸质书越来越贵"等和文本主要观点无关的答案建议不给分。

根据学生阅读理解的不同层次进行分层赋分，可以对学生阅读测评中表现出的不同思辨层次作出较为客观公正的评判。只要学生言之有理、言之有据，教师就应给予肯定和鼓励。只有这样，才能让学生大胆发表自己的看法，才有利于培养学生批判性思维和创造性思维，发展学生的思辨意识和能力。

附录：

小学语文思辨性阅读问题集萃

◎ 一年级上册

<h3>四　季</h3>

主要内容：这篇课文是一首富有童趣的诗歌，通过对春天的草芽、夏天的荷叶、秋天的谷穗和冬天的雪人这几种代表性事物的描述，表现四季的特征。

问题设计：你喜欢哪个季节？仿照课文说一说。

设计说明：这是课后练习中的一道思考题，是一道多元选择题。教师可以在学生把课文读正确的基础上，让学生自主选择，指导学生抓住"草芽尖尖""谷穗弯弯"和"鞠着躬""大肚子一挺"等词语深入理解课文，感受四季的美好，通过朗读读出自己的喜爱之情。同时，还可以让学生联系生活，仿照课文的样子说说自己喜欢的季节里还有哪些有特点的事物，培养学生语言运用能力。

<h3>比　尾　巴</h3>

主要内容：这篇课文是一首儿歌，通过问答的形式介绍猴子、兔子、松鼠、公鸡、鸭子和孔雀等动物尾巴的特点。

问题设计：作者认为"孔雀的尾巴最好看"。你认为谁的尾巴最好看呢？

设计说明：哪种动物的尾巴最好看，不同的人看法可以不一样。作者认为孔雀的尾巴最好看，但是学生并不一定这样认为。在理解课文内容的基础上,可以抓住课文中"谁的尾巴最好看"这个问题鼓励学生多元回答,可以说兔子尾巴好看,也可以说松鼠尾巴好看,只要言之有理就行,引导学生在思辨中培养独立思考的能力。

雨 点 儿

主要内容:这篇课文主要通过大雨点儿和小雨点儿的对话,描绘了雨点儿从云彩里飘落下来,滋润了万物,让花儿更红了,草儿更绿了。

问题设计:你喜欢课文中的大雨点还是小雨点?说说你的理由。

设计说明:课文中写小雨点到有花有草的地方去,大雨点到没有花没有草的地方去,最后小雨点去的地方花更红了,草更绿了,大雨点去的地方开出了红花,长出了绿草。在把课文读正确、读通顺的基础上,通过"你喜欢课文中的大雨点还是小雨点"这个问题,鼓励学生进行选择性阅读,培养学生自主阅读的意识,同时让学生在思辨中明白:无论到哪里,只要积极奉献就行;哪里更需要,可以先到哪里去。

大 还 是 小

主要内容:这是一篇富有儿童情趣的课文,主要讲述"我"有时候觉得自己很大,有时候觉得自己很小的生活感受,表达了成长的快乐。

问题设计:在生活中,你什么时候觉得自己很大?什么时候觉得自己很小?你觉得"大"好还是"小"好?说说你的想法。

设计说明:在学生把课文读正确、了解课文内容后,首先引导学生思考"在生活中,你什么时候觉得自己很大?什么时候觉得自己很小",让学生联系生活实际,仿照课文的句子说话,培养语言表达能力,感受自己的成长;然后引导学生思考"你觉得'大'好还是'小'好",培养学生思辨能力,进一步感受成长的快乐。

雪地里的小画家

主要内容：这是一首融儿童情趣与科普知识于一体的儿童诗,主要讲小动物在雪地里玩耍的情景,形象地介绍了四种动物爪(蹄)的形状和青蛙冬眠的特点。

问题设计：你喜欢哪个小画家画的画? 说说你的想法。

设计说明：在学生初读课文知道课文写小鸡、小狗、小鸭、小马来雪地里"画画"后,引导学生思考"你喜欢哪个小画家画的画",让学生读句子,在教材插图中找出自己喜欢的这位小画家画的画,说说自己喜欢的原因,然后通过朗读读出自己喜欢的感情。这样把识字、观察、说理、朗读融为一体,激发学生学习的积极性,一举多得。

◎ **一年级下册**

四 个 太 阳

主要内容：这篇课文主要写"我"画了四个不同颜色的太阳送给不同的季节,表达了作者希望一年四季都美丽丰饶、人人都舒适快乐的美好心愿。

问题设计：你喜欢作者画的哪一个太阳? 如果是你画太阳,你会给什么季节画上一个怎样的太阳? 说说你的想法。

设计说明：在学生初步了解课文主要内容的基础上,首先让学生思考"你喜欢作者画的哪一个太阳",知道作者给不同季节画不同太阳的原因,感受作者的美好心愿,通过朗读把美好的心愿读出来。接着让学生思考"如果是你画太阳,你会给什么季节画上一个怎样的太阳",引导学生展开想象,仿照课文的表达方式练习说话,培养学生语言表达能力,也培养学生的思想情感和审美情趣。

怎么都快乐

主要内容:这篇课文主要写了一个人、两个人、三个人、很多人玩都很快乐的生活场景,内容贴近儿童生活,充满童真童趣。

问题设计:在生活中,你更喜欢怎样的玩法? 为什么?

设计说明:在学生初读课文的基础上,引导学生思考自己生活中更喜欢怎样玩,边读课文边结合自己生活实际,理解一个人、两个人、三个人、很多人玩都很快乐,不同的玩法有不同的乐趣,培养学生积极乐观的生活态度和多角度思考问题的能力。

动物王国开大会

主要内容:这篇课文主要讲述动物王国要开大会,老虎让狗熊通知,狗熊在狐狸、大灰狼、梅花鹿的提醒下把通知内容逐步说清楚的故事。

问题设计:狗熊四次播报的通知有什么相同和不同? 说说你的发现。

设计说明:在学生初读课文理解故事大意的基础上,让学生画出狗熊四次播报的通知内容,引导学生比较相同点和不同点,理解为什么只有第四次播报后动物们才来参加大会,知道播报通知的基本要求,在比较、反思、归纳的阅读实践中培养学生思维的严密性和完整性。

小 猴 子 下 山

主要内容:这篇课文主要写一只小猴子下山,先后掰玉米、摘桃子、摘西瓜、追兔子,最后一无所获的故事。

问题设计:小猴子下山后,已经掰了玉米,摘了桃子和西瓜,为什么最后还是空着手回家呢? 说说你的想法。

设计说明:初读课文,可以围绕"小猴子来到什么地方,看到什么,做了什么"等问题,引导学生用不同的符号圈画关键词句,培养学生提取信息的能力。了解课文大意后,可引导学生深入思考"小猴子下山后,已经掰了玉米,摘了桃子和西瓜,为什么最后还是空着手回家"这个问题,在整理信息的基础上发现小猴子"做事没有明确的目标""做事见异思迁""做事没有始终"等原因,明白故事中的道理,培养发散思维的能力。

<h2 style="text-align:center">咕　咚</h2>

主要内容:这篇课文主要讲一只小兔听见"咕咚"一声吓得就跑,其他动物也跟着跑,只有野牛坚持要去看看,最后大家明白"咕咚"原来是木瓜掉到湖里发出的声音的故事。

问题设计:动物们都跟着兔子跑,野牛为什么不跟着大家一起跑? 说说你的想法。

设计说明:在学生了解故事内容的基础上,抓住课文中的关键句段让学生进行角色表演,并询问野牛:"动物们都跟着兔子跑,你为什么不跟着大家一起跑?"引导学生感受野牛冷静、胆大等特点,明白听到或遇到任何事情都要动脑思考或去实地察看,不要盲目跟从别人的道理,培养学生批判性思维能力。

◎ **二年级上册**

<h2 style="text-align:center">小蝌蚪找妈妈</h2>

主要内容:这篇课文主要写了小蝌蚪在鲤鱼和乌龟的提示下找到自己的妈妈的经过,同时介绍了小蝌蚪变成青蛙的过程。

问题设计:小蝌蚪看见鲤鱼妈妈是"迎上去"的,看见乌龟是"追上去"的,"迎"和"追"这两个词能够换一换吗? 说说你的想法。

设计说明:这道思考题主要是在学生认读词语的基础上,引导学生理解词语运用的准确性:小蝌蚪和鲤鱼是面对面的,所以要用"迎上去";小蝌蚪在乌龟的后边,它们一前一后,所以要用"追上去"。在教学中,还可以用角色表演的方法帮助学生更好地理解这两个词语的意思,体会用词的准确性。

曹 冲 称 象

主要内容: 这篇课文主要讲曹操的儿子曹冲小时候动脑筋,想办法称出大象重量的故事。

问题设计: 读完课文,你还有什么好办法称出大象的重量? 说说你的想法。

设计说明: 在学生读懂课文内容,明白曹冲称象的办法及好处,感受曹冲聪明机智的基础上,引导学生思考"读完课文,你还有什么好办法称出大象的重量",鼓励学生动脑筋想办法,比如用官员代替石头等。这样可以进一步培养学生的发散思维能力和创新意识。

葡 萄 沟

主要内容: 这篇课文主要介绍了新疆吐鲁番葡萄沟水果多,其中最有名的是葡萄,这里生产的葡萄干颜色鲜,味道甜。

问题设计: 你喜欢葡萄沟吗? 说说你的理由。

设计说明: 这是一个开放性的问题,学生可以选择自己喜欢的内容进行回答。如结合第 1 自然段中的"香梨"等词说喜欢那里的水果;结合第 2 自然段中的"五光十色"等词说喜欢葡萄沟的葡萄;结合第 3 自然段中的"颜色鲜"等词语来说喜欢葡萄沟的葡萄干……这样用一个大问题统领课文教学,能加强阅读教学的整体感,保证学生自主阅读的空间,培养学生的发散性思维。

雾 在 哪 里

主要内容：这篇课文用童话的方式描写雾把大海、太阳、天空、海岸、城市等藏起来的故事。

问题设计：课文说"雾是个淘气的孩子"，在你眼里雾是什么呢？说说你的想法。

设计说明：在学生把握课文内容，感受雾是个淘气的孩子的基础上，让学生思考"在你眼里雾是什么"，鼓励学生联系生活经验，展开自己的想象，有利于培养学生的想象能力、表达能力和创新意识。

风 娃 娃

主要内容：这篇课文主要写风娃娃热心帮助人们做事，既做了许多好事，也办了一些不好的事的故事。

问题设计：你喜欢课文中的风娃娃吗？说说你的理由。

设计说明：在初读课文的基础上，引导学生思考上述问题，既能引导学生深入阅读风娃娃帮助人们做好事的内容，也能引导学生深入阅读风娃娃做不好的事情的内容，在阅读思辨中明白做事情光有好的愿望不行，还要看是不是真的对别人有用的道理。

◎ 二年级下册

我是一只小虫子

主要内容：这篇课文以小虫子的视角描述了小虫子生活中的苦与乐，表达了小虫子对生活的热爱。

问题设计：你觉得当一只小虫子好不好？说说你的理由。

设计说明：课文第 1、第 2 自然段借小伙伴的口吻讲述当小虫子的

"不好"，比如，"屁股会被苍耳刺痛""被淹得昏头昏脑"等；课文第3到第7自然段借"我"的口吻讲述当一只小虫子的"好"，比如，可以"在摇摇晃晃的草叶上伸懒腰，用一颗露珠把脸洗干净，把细长的触须擦得亮亮的"，乘坐"免费的特快列车"等。引导学生思考"你觉得当一只小虫子好不好"这个问题，让学生联系文本中的关键词句、联系自己的生活感受说理由，既可以激发学生的阅读兴趣，又可以尊重学生的阅读感受，培养学生的思辨能力。

彩 色 的 梦

主要内容：这篇课文主要描写"我"用彩色的铅笔在白纸上画画的情景，描绘了大自然的美丽景色。

问题设计：你最喜欢小画家画的什么景物？如果让你用彩色铅笔来画画，你会画什么？说说你的理由。

设计说明：在把诗歌读正确的基础上，首先引导学生思考"你最喜欢小画家画的什么景物"这个问题，让学生选择自己喜欢的小节深入阅读，在阅读交流中加深对诗歌词句的理解，如第2小节中"绿了、红了、蓝了"及"蓝——得——透——明"的表达方式与效果，并通过朗读读出自己的喜爱之情。接着引导学生思考"如果让你用彩色铅笔来画画，你会画什么"这个问题，让学生展开想象，仿照诗中的表达方式进行表达，培养学生的想象能力和表达能力，促进学生情感态度和价值观的发展。

小 毛 虫

主要内容：这篇课文主要描写一只小毛虫从结茧到破茧羽化的变化过程。

问题设计：读了课文，你觉得这是一只怎样的小毛虫？说说你的想法。

设计说明：由于人的生活经验、认知水平等存在着差异，因此同读一篇课文，每个人的阅读感受也是不一样的。读了这篇课文，有的学生会感受到小毛虫很可怜，有的学生会感受到小毛虫很笨拙，有的学生会感受到小毛虫的勤劳，有的学生会感受到小毛虫的乐观……引导学生思考"你觉得这是一只怎样的小毛虫"这个问题，就要鼓励学生进行个性化阅读，寻找依据说明自己的观点。同时，教师要积极引导，让学生在思辨中明白事物会按照自己的规律发展，不经历痛苦的蜕变难以真正成长等道理。

小 马 过 河

主要内容：这篇课文主要讲述小马在路上遇到一条河，听了老牛和松鼠的话后不知道该怎么办，在妈妈的鼓励下终于顺利过河的故事。

问题设计：你同意下面的说法吗？说说你的理由。

◇ 河水既不像老牛说的那样浅，也不像松鼠说的那样深，所以老牛和松鼠对小马撒谎了。

◇ 小马向很多人请教，是对的。

◇ 别人的经验不一定可靠，得自己去尝试。

◇ 什么事都要自己尝试，别人的话不可信。

设计说明：这是课后练习中的题目，让学生在了解课文内容的基础上进行辨析：第一个说法中的老牛和松鼠都是从个人经验来提建议的，不能算作撒谎；第二个说法中的小马遇到问题能请教别人，虽然没有解决问题，但是做法值得肯定；第三个说法是本文想要表达的主旨，要靠自己的实践解决问题；第四个说法相对片面，别人的话虽然不能完全照搬，但是值得参考。通过这样的思考，学生既能深化对课文内容的理解，又能发展阅读思辨能力。

要是你在野外迷了路

主要内容：这篇课文是一首儿童诗，介绍了大自然中太阳、北极星、大树、积雪等天然的"指南针"，在生动形象的语言文字中渗透了自然科学知识。

问题设计：课文中介绍的四种天然指南针，它们会在怎样的情况下帮助我们辨别方向？请选择一种用图示等方法介绍给大家。

设计说明：课文主要介绍了四种"天然的指南针"，分别适用于不同情况下：太阳在晴天适用，北极星在黑夜适用，大树一年四季都适用，积雪在冬天适用。读完课文不能只让学生简单记住这些知识信息，还要让学生真的读懂会用。通过"课文中介绍的四种天然指南针，它们会在怎样的情况下帮助我们辨别方向"这个问题，引导学生深入理解"忠实""稀""稠"等词语及"中午的时候它在南边，地上的树影正指着北方""看看哪边雪化得快，哪边化得慢，就可以分辨北方和南方"等语句的意思，把抽象的文字形象化，在阅读思辨中培养学生思维的逻辑性。

◎ 三年级上册

一 块 奶 酪

主要内容：这篇课文主要讲了蚂蚁队长召集小蚂蚁们搬运奶酪时，不小心拽掉了奶酪的一角，最终蚂蚁队长战胜了自己想偷嘴的心理，命令最小的蚂蚁吃掉了奶酪渣的故事。

问题设计：你喜不喜欢文中的蚂蚁队长？说说你的理由。

设计说明：在了解故事大意的基础上，聚焦文中的主角——蚂蚁队长，引导学生思考"你喜不喜欢文中的蚂蚁队长"这个问题，让学生重读课文，一边读一边画出相关语句，证明自己的观点。比如，喜欢蚂蚁队长的学生,可以通过蚂蚁队长发布指令的词句,说明他是一个严守纪律的队长;通过蚂蚁队长最后战胜自己、没有偷嘴的词句,说明他是一个严格要求自己的队长;通过蚂蚁队长让小蚂蚁吃奶酪渣的词句,说明他是一个关心弱小的队长;不喜欢蚂蚁队长的学生,可以通过他想吃奶酪又犹豫不决的词句,说明他还是很想吃奶酪渣的……教学中要鼓励学生大胆表达自己的见解,培养学生的思考判断能力。

总也倒不了的老屋

主要内容:这篇课文主要写了一座活了一百多年的老屋即将倒下时,让小猫躲避暴风雨、让老母鸡孵蛋、让蜘蛛结网捉虫捕食的故事。

问题设计:老屋听小蜘蛛讲完故事后会发生怎样的情况?说说你的预测。

设计说明:本单元是预测单元,要引导学生学习预测的方法。预测与思辨有密切联系,预测要有依据,这就需要培养学生的思辨能力。学生边阅读边预测,了解故事大意后,引导学生思考上述问题,继续预测后面的情节发展和结局——可能是继续帮助有需要的人;也可能是倒下了,但在大家心中老屋永远没有倒下……教师要鼓励学生从不同的角度思考问题,鼓励学生作出不同的预测。

父亲、树林和鸟

主要内容:这篇课文主要写"我"跟随父亲去一片树林,发现父亲对鸟的生活习性非常熟悉,表现了父亲对树林和鸟的喜爱之情。

问题设计:你认为父亲曾经是一位猎人吗?说说你的理由。

设计说明:课文最后一句话是"我真高兴,父亲不是猎人"。教师可以聚焦这句话,引导学生讨论"父亲曾经是一位猎人吗"这个问题。这是一个没法直接在文中找到答案的问题,认为父亲曾经是一位猎人的学生,可以结合课文中描写父亲对鸟的习性非常熟悉的句子来阐述自己的观点；认为父亲不曾是一位猎人的学生，可以结合课文中父亲对树林和鸟的喜爱的句子来阐述自己的观点。教师要引导学生充分寻找证据表达自己的观点，培养学生的思辨能力。

司 马 光

主要内容：这篇课文主要写了司马光小时候发现小伙伴掉入瓮中，急中生智砸缸救人的故事。

问题设计：课文中写道"光持石击瓮破之"，有的版本写成"光持石，击瓮，破之"，你觉得哪种写法好？说说你的想法。

设计说明：这是小学语文教材中出现的第一篇文言文。在学生读正确读通顺的基础上，引导学生思考上述问题，让学生知道"光持石，击瓮，破之"这种写法有利于朗读停顿，但是"光持石击瓮破之"这种写法更能说明司马光在当时非常危急的情况下反应敏捷，动作一气呵成，从而突出司马光冷静果断的性格特点。

灰 雀

主要内容：课文主要写列宁发现公园里的灰雀失踪与一位男孩有关，通过交谈让男孩意识到自己的错误而主动放鸟的故事。

问题设计：列宁为什么不直接指出男孩的错误，让男孩马上放鸟呢？说说你的理由。

设计说明：在学生了解故事内容的基础上，让学生围绕上述问题重读课文，圈画关键词句展开讨论，引导学生明白：列宁通过对话推测到男孩捉鸟是因为爱鸟，男孩已经意识到自己的错误，相信男孩会自己把鸟放回来，所以就没有直接批评男孩，说明列宁非常理解人、尊重人、相信人。这样，可以引导学生从浅层阅读走向深度阅读，培养学生思维的深刻性、逻辑性等品质。

◎ 三年级下册

陶 罐 和 铁 罐

主要内容:这篇课文描述了国王橱柜中的铁罐看不起陶罐,若干年后埋在土里的铁罐不复存在,而陶罐出土后却成为价值连城的宝贝。

问题设计:文中的铁罐和陶罐,你喜欢谁,不喜欢谁? 说说你的理由。

设计说明:在学生了解课文内容的基础上,引导学生讨论上述问题,旨在让学生根据各自不同的感受来表达自己的观点。有的喜欢陶罐,因为它谦虚、善良、敢说真话;不喜欢铁罐,因为它骄傲、武断、没有长远目光。有的学生可能会认为,铁罐也有优点,坚固不易破碎;陶罐虽然光洁、朴素、美观,但它确实容易摔碎……思辨过程中,让学生充分认识铁罐和陶罐各有优点和缺点,从而明白事物都是有长处和短处的,要善于看到别人的长处,正视自己的短处,相互尊重,和睦相处。

鹿 角 和 鹿 腿

主要内容:这篇课文主要讲述一只鹿在欣赏自己美丽的鹿角、抱怨难看的鹿腿,遇到凶猛的狮子扑来,难看的鹿腿却帮他狮口脱险的故事。

问题设计:有人说"美丽的鹿角差点让鹿丧命,美丽的鹿角不重要,实用的鹿腿才重要",你赞同这个观点吗? 说说你的理由。

设计说明:在初读课文、了解故事内容的基础上,教师可以让学生带着上述问题重读课文,明白在危险的时候的确是实用的鹿腿更有用处,但是思维不能绝对化,在没有危险的时候美丽的鹿角还是很有观赏价值的,而且鹿角也有防御功能,从而引导学生客观评价鹿角和鹿腿,在思维碰撞中形成全面、辩证的认识。

蜜　蜂

主要内容:这篇课文写了法布尔为验证蜜蜂具有辨认方向的能力而做的一项实验,重点介绍了实验的经过,体现了法布尔善于思考、严谨求实的科学态度。

问题设计:课文中"有两只蜜蜂飞回来了！它们两点四十分回到蜂窝里,肚皮下面还沾着花粉呢"是对小女儿的语言描写,是否可以删除？说说你的理由。

设计说明:这个问题可以在学生了解课文内容、概括出实验的基本步骤后提出来,主要是帮助学生了解这部分语言描写的作用,明白这些语言实则是法布尔在听小女儿的汇报,也是实验过程中的一个重要部分,进一步体现了法布尔严谨求实的科学态度,是不可以删除的。

剃　头　大　师

主要内容:这篇课文主要讲述"我"没有剃头的经验,只是小沙为了摆脱"害人精"的折磨,才使"我"有机会成为"剃头大师"。

问题设计:"我"明明不会剃头,课文为什么用"剃头大师"作为题目？你觉得这样写好吗？说说你的理由。

设计说明:这是一个有矛盾冲突的问题,意在引导学生体会课文题目的表达效果。在实际教学中,可以在学生了解课文内容的基础上,引导学生结合生活实际深入思考:什么样的人可以称为"大师"？课文中的"我"真的能称为"剃头大师"吗？在学生充分讨论的基础上,结合课文中"害人精"等风趣幽默的语言表达,让学生明白用"剃头大师"作为题目是一种风趣幽默的语言表达,能吸引读者的眼球,激发读者的阅读兴趣,表现儿童的天真,凸显童年生活的快乐。

我变成了一棵树

主要内容:这篇课文主要描写了"我"在想象中变成了一棵树,长满了各种形状的鸟窝,小动物们和妈妈住在鸟窝里的故事。

问题设计:"我变成了一棵树"主要是课文前半部分内容,可以把课文后半部分"小动物住进来""妈妈住进鸟窝"这两件事删掉吗? 说说你的理由。

设计说明:这是习作单元中的一篇课文,单元语文要素是"走进想象的世界,感受想象的神奇"。在初读课文的基础上,可以引导学生删去后面的内容后再和课文原文进行比较,让学生理解作者的想象不是随意的:英英不想吃饭,就想变成树;树上长鸟窝,鸟窝里住进了小动物和妈妈;他们一起吃好吃的东西,馋得"我"肚子咕噜噜叫,嘴里流水珠,最后也想吃饭了。这样的想象一环扣一环,凸显了想象的神奇,所以不能删去。这样引导学生思辨,能激发学生思考的兴趣,培养学生发散思维能力和想象能力。

◎ 四年级上册

繁　星

主要内容:这篇课文主要讲述从前、三年前、如今三个不同时段,"我"在三个不同地方观赏繁星的情景与感受。

问题设计:课文中说"星光在我们的肉眼里虽然微小,然而它使我们觉得光明无处不在","微小"和"光明无处不在"矛盾吗? 说说你的理由。

设计说明:在初读课文的基础上,引导学生讨论上述问题,从而明白表面上看似矛盾,实际上并不矛盾。微弱的星光是作者眼中所见,所以看起来"微小",但是作者创作《繁星》时远离了家庭的束缚,心中充满无限的希望,星星代表着作者的希望,所以说"光明无处不在"。这样的教学,就让学生在阅读思辨中理解了"光明"的深刻内涵,感受到作者的思想情感。

呼风唤雨的世纪

主要内容:这篇课文主要讲述 20 世纪 100 年间科学技术的发展进步,展示了科学技术的飞速发展给人类生活带来的巨大变化和灿烂前景。

问题设计:有人说科学技术的发展大大造福人类,但是对科学技术的不当使用也会给人类带来危害。你同意这个说法吗? 说说你的理由。

设计说明:《呼风唤雨的世纪》这篇课文介绍了 20 世纪科技发展给人类带来的好处,在理解课文内容的基础上,引导学生思考上述问题,有利于促进学生多角度思考问题。学生联系生活和课外阅读资料,可以阐明 20 世纪科技发展给人类带来的好处,也可以阐述人类对科学技术的不当使用而产生的种种危害,树立科学发展观,学会全面、辩证地看待问题,培养学生的阅读思辨能力。

精 卫 填 海

主要内容:这篇课文是一篇文言文,主要写女娃在东海游玩时不幸溺水而亡,化作一只精卫鸟填海复仇的神话故事。

问题设计:读完课文后,你对"精卫填海"这个故事有什么看法?

设计说明:学生读完这个故事,不难理解精卫英勇顽强、不屈不挠的精神,但是难以理解其背后蕴含着的人类与灾难抗争的大无畏精神,甚至会认为精卫是个复仇心强、不自量力的人。引导学生思考上述问题,可以让学生在思辨中认识远古时代人们在生产力极其低下的情况下勇于抗争的勇气,进一步感受中华远古神话的神奇。

一只窝囊的大老虎

主要内容:这篇课文是作者回忆自己童年上台扮老虎演出把节目演

砸的"窝囊"经历,反映了童年成长中的苦恼和困惑。

问题设计:课文中"我"的表演是否窝囊?说说你的理由。

设计说明:文章中的"我"由于表演时过于紧张,演的大老虎有些笨拙,还不会"豁虎跳",引发观众哄堂大笑,客观上说表演是有点不尽人意;但是从主观上看,本次表演并非十分失败,一方面"我"在排练和表演的过程中都十分认真刻苦,也给观众们带来了快乐,再说扮老虎也不是一定要"豁虎跳"。过程与结果同样重要。通过这样的阅读思考,可以培养学生多角度思考问题的意识,提高学生思辨能力。

王戎不取道旁李

主要内容:这篇课文主要讲述王戎七岁时看到小伙伴都去路边摘李子,通过观察思考推测"树上的李子是苦的"这一智慧小故事。

问题设计:课文说"树在道边而多子,此必苦李",你赞同这样的说法吗?说说你的理由。

设计说明:这是一篇文言文,首先要引导学生正确、流利地朗读课文,然后再引导学生思考上述问题。这是一道开放题,教师要鼓励学生结合生活经验深入思考,发表自己的见解:赞同的可以认为,有李子树长在路边,过往的行人比较多,如果李子是甜的,早被路人摘光了,王戎的确善于观察和思考,不盲目跟从别人;不赞同的可以认为,李子可能是甜的,但行人的道德水平高,不去摘李子,也是可能的。这样的阅读思辨,可以开阔学生的思维空间,培养学生的辩证思维能力。

◎ **四年级下册**

清平乐·村居

主要内容:辛弃疾这首词描绘了恬静和谐的乡村生活画面,具有浓郁的生活气息,表现出作者对恬静平和的乡村生活的向往之情。

问题设计:作者"最喜小儿亡赖",你最喜欢谁? 说说你的想法。

设计说明:作者"最喜小儿亡赖",很多学生就会受到作者思想的影响,也会最喜欢"小儿"。初读课文、了解诗词大意后引导学生思考上述问题,能帮助学生打开思路,有的会喜欢勤劳的大儿,有的会喜欢手巧的中儿……这样的教学,有助于培养学生独立思考能力,鼓励学生进行个性化阅读。

绿

主要内容:这首艾青创作的现代诗,重点描述了春天到处都是绿色,写出了绿的摇曳、绿的美幻、绿的生命之美。

问题设计:诗人为什么要说"刮的风是绿的,下的雨是绿的,流的水是绿的,阳光也是绿的"? 说说你的理由。

设计说明:初读诗歌后,让学生联系生活写一写春天的绿色,然后引导学生把自己写的诗句和诗人写的诗句进行比较,思考上述问题。学生就会发现诗人写的不仅是眼睛看到的绿色,还有心中感受到的绿色。最后可以让学生模仿诗人的写法写一写,学生就会写出"星星是绿色的""天空是绿色的"等富有创造性的诗句,有效提升了学生的表达能力,发展了学生的创造性思维。

白　　鹅

主要内容:这篇课文是作者对在重庆郊外居住时收养的一只白鹅的回忆,从叫声、步态、吃相等方面描绘出白鹅的高傲性格。

问题设计:白鹅"从容不迫地吃饭,必须有一个人在旁侍候,像饭馆里的堂倌一样",你愿意侍候这只白鹅吗? 说说你的理由。

设计说明:课文主要描写白鹅的高傲性格——"吃了一口饭,倘若水盆放在远处,它一定从容不迫地大踏步走上前去,饮一口水,再大踏步走去吃泥、吃草。吃过泥和草再回来吃饭"。有的学生由于好奇可能愿意"侍候",有的学生就不愿意"侍候"。作者为什么愿意"侍候"呢？可以呈现本文作者创作时的背景资料,让学生感受这只白鹅当时给作者带来的快乐,进一步感受作者对生命的关爱、对生活的热爱。

芦 花 鞋

主要内容:这篇课文讲述青铜一家在冬天做了一百零一双芦花鞋,青铜冒着大雪去街上卖鞋,最后把自己脚上的鞋也卖了,赤脚回家的故事。

问题设计:如果你是青铜,会把自己脚上的芦花鞋也卖掉吗？说说你的理由。

设计说明:在了解故事内容的基础上,让学生思考上述问题。有的学生可能说自己也会像青铜一样把脚上的芦花鞋卖掉,因为家里需要钱,葵花上学要交学费,青铜是一个懂事的孩子;有的学生可能不会像青铜一样把自己脚上的芦花鞋卖掉,理由是虽然家里需要钱,但已经卖掉了一百双鞋,最后一双鞋不卖关系应该不大,而且这双鞋本来就是家里人给他做的,万一脚冻伤了更糟糕……这样的教学,可以引导学生联系课文内容从不同的角度思考问题,有理有据地回答问题,培养学生的思辨能力。

"诺曼底号"遇难记

主要内容:这篇课文叙述了"诺曼底号"轮船与"玛丽号"相撞后,哈尔威船长临危不乱,指挥乘客和水手成功脱险,自己和轮船一起被海水吞没的故事。

问题设计:你对哈尔威船长最后随着轮船一起沉入大海有什么看法？

设计说明:在理解课文内容的基础上,让学生讨论上述问题。有的学生认为船长应该与船共存亡,表现了他忠于职守的品质;有的学生会认为哈尔威船长在救出乘客和船员后自己也应该主动逃生……讨论这个问题,意在引导学生对生命的价值进行深入思考,在生死关头坚守岗位、舍己救人、勇于献身是英雄的壮举,但在有可能的情况下还是要珍惜自己的生命。

◎ **五年级上册**

桂 花 雨

主要内容: 这篇课文作者主要回忆了童年时代在故乡摇桂花的情景,字里行间弥漫着作者淡淡的思乡情绪和对童年美好生活的怀念之情。

问题设计: 课文中说"这里的桂花再香,也比不上家乡院子里的桂花",你认为杭州的桂花真的不如家乡的桂花吗?

设计说明: 在了解课文内容的基础上,首先引导学生阅读体会文中描写杭州桂花和家乡桂花的语句。学生会发现杭州的桂花的确要比家乡的桂花香;然后引导学生深入思考"母亲为什么说'这里的桂花再香,也比不上家乡院子里的桂花'",让学生理解母亲比的不是桂花香味的浓与淡,而是感情的深与浅,在母亲看来桂花是家乡的代名词,蕴含着母亲对故乡和亲人的思念之情。这样教学,让学生在阅读思辨中对文本语言的理解从表面走向深层,有助于培养学生思维的深刻性。

将 相 和

主要内容: 这篇课文主要写蔺相如奉命出使秦国,完璧归赵,被封上大夫;陪同赵王赴渑池之会,使赵王免受侮辱,被封为上卿;为避免将相不和而避让廉颇,最后将相和好的故事。

问题设计: 廉颇说"蔺相如就靠一张嘴,反而爬到我头上去了",你觉得他说得有道理吗?

189

设计说明:在概括文中三个小故事、理解课文主要内容的基础上,让学生讨论上述问题,引导学生重读"完璧归赵""渑池会"中描写蔺相如言行举止的句子,感受蔺相如面对秦王毫不退缩、据理力争,甚至不惜血溅五步的勇气,连夜派人把和氏璧送回赵国的智谋,始终为赵国大局着想,在私人恩怨面前宁肯忍辱负重的精神品质,让学生在阅读思辨中培养有依据、有条理地表达自己观点的能力。

圆明园的毁灭

主要内容:这篇课文描述了圆明园昔日的辉煌景象和遭到侵略者肆意破坏而毁灭的惨状,抒发了作者对祖国灿烂文化的热爱,对侵略者野蛮行径的愤慨,激发人们不忘国耻、振兴中华的责任感和使命感。

问题设计:课文题目是"圆明园的毁灭",作者为什么用那么多的笔墨描写圆明园昔日的辉煌? 说说你的理由。

设计说明:课文有五个自然段,其中第 2—4 自然段都在描写圆明园昔日的辉煌,只有第 5 自然段描写圆明园的毁灭。思考上述问题,意在引导学生通过阅读思考感悟到先详细描写圆明园的辉煌,是为了通过对比说明圆明园被毁灭的巨大损失,更能激发读者对侵略者野蛮行径的愤慨之情,激起读者记住屈辱的历史、增强振兴中华的责任感和使命感。这样的问题设计,容易引发学生的认知冲突,激发学生阅读兴趣,深入体会作者独特的构思,培养学生思维能力。

父 爱 之 舟

主要内容:这篇课文借对梦境的描述回忆父亲对"我"无私关怀的生活场景,表达了父亲对"我"深沉的爱以及"我"对父亲的感激之情。

问题设计:题目是"父爱之舟",课文中有三个场景跟"舟"没有联系,这些场景是否可以删去? 说说你的理由。

设计说明：这道题主要考查学生对课题及文本表达情感的深层次理解。在理解课文内容的基础上，让学生讨论上述问题，引导学生明白课文中的"舟"具有象征意义，父爱就像小舟一样载着"我"迈向人生的远方，父爱这条隐形的线索贯穿全文所有场景之中。这样的问题思考，不仅能深化对课文内容的理解，还能培养学生深度思考的能力。

"精彩极了"和"糟糕透了"

主要内容：这篇课文主要讲述了作者童年时写了一首小诗，母亲和父亲分别给予"精彩极了"和"糟糕透了"的评价，对自己的成长产生了深远的影响的故事，表达了对父母之爱的深刻理解和感激。

问题设计："精彩极了"和"糟糕透了"，你更喜欢哪一种评价？说说你的理由。

设计说明：在理解课文内容的基础上，让学生讨论上述问题，可以引导学生从课文中寻找关键语句阐明自己的观点，还可以引导学生联系自己的生活经验理解课文，阐明自己的观点。在讨论中，要让学生明白：虽然父母表达爱的方式不一样，但都倾注了父母对孩子无私的爱；一个人成长过程中仅有表扬或仅有批评都不行，两者都很重要……这样就可以引导学生多角度思考问题，培养学生的辩证思维能力。

◎ **五年级下册**

草 船 借 箭

主要内容：这篇课文是根据长篇小说《三国演义》第四十六回的相关内容改写的，主要讲述周瑜妒忌诸葛亮的才干，要诸葛亮在十天内造好十万支箭，诸葛亮用草船向曹操巧妙借箭的故事。

问题设计：你认为周瑜是一个怎样的人？说说你的理由。

设计说明：在理解课文内容、感受诸葛亮足智多谋后，学生带着这个问题再读课文，大部分人都会认为周瑜是一个阴险狡诈的小人。再引导学生拓展阅读《三国演义》中描写周瑜的其他内容，学生又会感受到周瑜还是个才智过人、勇敢有决断的统帅。然后，拓展阅读《三国志》中描写周瑜的有关内容，学生又会感受到周瑜还是个心胸宽广、大公无私的英雄。借此可以让学生明白，小说和正史是有差异的，要全面把握人物特点，就要多读原著、传记等书籍。同时，在拓展阅读中也能有效地培养学生思维的广度和深度。

景　阳　冈

主要内容：这篇课文是根据长篇小说《水浒传》第二十三回改写的，主要记叙武松在阳谷县一家酒店内开怀畅饮后，趁着酒兴上了景阳冈，赤手空拳打死猛虎的故事，表现了武松豪放、勇武而又机敏的英雄性格。

问题设计：对课文中的武松，有人认为他真勇敢，有人认为他很要面子、做事鲁莽，你有什么看法？说说你的理由。

设计说明：在理解课文主要内容的基础上，让学生带着这个问题深入阅读课文。有的学生会认为武松是勇敢的，"明知山有虎，偏向虎山行"，遇到真老虎也能勇敢面对；有的学生会认为他很要面子、做事鲁莽，不听别人善意的劝告……通过阅读思辨，能培养学生多元解读的能力和辩证思维的能力。

刷　子　李

主要内容：这篇课文主要写刷子李技艺高超，徒弟曹小三有一次亲眼看到师傅的刷浆绝活后佩服至极的故事。

问题设计：课文主要写刷子李技艺高超，却花大量笔墨描写徒弟曹小三，对曹小三的描写可以删去吗？说说你的理由。

设计说明：在理解课文主要内容的基础上，让学生讨论这个问题，可以引导学生理解课文正面描写与侧面描写的关系。这样教学，不仅有利于培养学生的思辨能力，更能引导学生理解多种描写方法及其表达效果，加深对人物形象的感受，学会通过侧面描写衬托正面描写的方法。

跳　　水

主要内容：这篇课文主要写水手们在甲板上拿猴子取乐，猴子又去戏弄船长的儿子，孩子为了追回被猴子抢走的帽子爬上了桅杆顶端的横木，船长在危急时刻拿枪逼着孩子跳水挽救孩子生命的故事。

问题设计：船长在危急时刻拿枪逼着孩子跳水，你赞成这个做法吗？说说你的理由。

设计说明：在初步理解课文内容的基础上，让学生思考这个问题，有利于学生聚焦小说的主要人物——船长，深入阅读分析当时的情况，揣摩船长作出决定时的想法：如果孩子摔在甲板上必死无疑，只有让孩子跳进水里才会有一线生机，用枪逼着孩子跳水是当时最好的选择。在讨论中，让学生从文本中寻找证明自己观点的重要信息，有理有据地发表自己的看法，可以培养学生深度思考的能力。

手　　指

主要内容：这篇课文是丰子恺先生写的一篇散文，具体描写了五根手指的不同姿态和不同作用，以五根手指比喻人的群体，强调了团结的重要性。

问题设计：作者为什么要花大量笔墨描写五根手指的优点和缺点，能不能把缺点部分删去？说说你的理由。

设计说明：在学生梳理出每根手指的优点和缺点之后讨论这个问题，是为了说明每根手指各有所长、各有所短，只有团结起来握成拳头才有力

193

量的道理。这样的阅读思辨，旨在引导学生深入思考文本内容与文本主题之间的关系，加深对文本主题的理解。

◎ 六年级上册

竹 节 人

主要内容：这篇课文通过对制作竹节人、斗竹节人及老师没收竹节人却自己偷偷玩的故事叙述与描写，表现了童年生活的快乐。

问题设计：你喜欢课文中没收"我"竹节人的老师吗？说说你的理由。

设计说明：对课文中没收"我"竹节人的老师，学生会有不同的看法。有的学生认为老师很严格，上课时发现"我"在玩竹节人，就把两个竹节人一把抓去；但也有学生认为老师没收了学生的玩具，下课后不教育学生，自己却在办公室里玩得入迷，这不像个好老师……在教学中，让学生讨论上述问题，有利于激发学生阅读兴趣，引导学生发现老师的可亲可爱、童心未泯，更能体现出竹节人这种玩具的巨大魅力。

桥

主要内容：这篇课文主要讲述一位老支书在洪水面前镇静地指挥人们过桥，最后和儿子一起献出生命的感人故事。

问题设计：你觉得课文中的父亲对儿子是有情还是无情？说说你的理由。

设计说明："老汉突然冲上前，从队伍里揪出一个小伙子"这个情节，看出老汉对儿子很无情；"他用力把小伙子推上木桥"这个情节，又说明老汉对儿子怀有深情。让学生思考上述问题，可以引导学生明白：在群众和儿子同时面临生死选择时，老汉把生的希望给了群众；在儿子和自己面临生死选择时，他把生的希望给了儿子。引导学生在矛盾和冲突中感受到老汉崇高的党性和伟大的父爱,培养学生全面、辩证地思考问题的能力。

穷人

主要内容:这篇文章主要讲述桑娜一家生活十分穷苦,但在邻居西蒙死后,却主动收养西蒙两个孩子的故事。

问题设计:课文写桑娜看到西蒙死去,孩子在她身边睡得正香,就"用头巾裹住睡着的孩子,把他们抱回家里",这部分内容为什么没有描写桑娜的心理活动?

设计说明:这篇课文主要是通过桑娜的心理描写来表现桑娜的形象特点的,但是这部分内容中却没有桑娜的心理描写。阅读教学中,可以首先引导学生推测桑娜的心理活动,然后让学生讨论上述问题。学生会说桑娜看到西蒙的两个孤儿时想也没想就把他们抱回家,这是桑娜的本能反应,这样写更能突出桑娜善良的品格。这样反诘式的提问,更能激发学生的认知冲突,引导学生深入思考,发展学生的思辨能力。

只有一个地球

主要内容:这篇课文主要从地球是渺小的、地球拥有的自然资源也是有限的、科学家已经证明了目前地球是适合人类生活的唯一星球等方面介绍地球,呼吁人类珍惜资源,保护地球。

问题设计:如果能找到适合人类居住的第二个星球,我们该怎样对待地球? 说说你的理由。

设计说明:课文中写道:"科学家已经证明,至少在以地球为中心的40万亿千米的范围内,没有适合人类居住的第二个星球。"教学中让学生讨论上述问题,有利于学生辩证地思考问题:如果能找到适合人类居住的第二个星球,我们也不能破坏地球,因为地球上还有很多动物植物,地球是我们祖先生活过的地方,地球是一个美丽的家园……这样的教学,更能

195

激发学生的思维,培养学生保护地球的意识。

<h2 style="text-align:center">月　光　曲</h2>

主要内容:这篇课文讲述了德国著名音乐家贝多芬因同情穷鞋匠兄妹而为他们弹琴,有感于盲姑娘对音乐的痴迷而即兴创作出《月光曲》的故事。

问题设计:课文中"您爱听吗? 我再给您弹一首吧"这句话中的两个"您"字有没有用错? 说说你的理由。

设计说明:"您"是尊敬称谓,一般用于晚辈对长辈、下级对领导。在课文中,贝多芬是著名的音乐家,盲姑娘是晚辈,按理说贝多芬对盲姑娘说话应该用"你"。教学中讨论上述问题,能引发学生的认知冲突,引导学生明白贝多芬已经把盲姑娘当作自己的知音,用两个"您"是表示对盲姑娘的尊重和敬意。抓住这个特殊的语言表达,既有利于引导学生学习语言文字运用,又有利于学生深入理解文本的内涵,发展学生的思维。

◎ **六年级下册**

<h3 style="text-align:center">骑鹅旅行记(节选)</h3>

主要内容:这篇课文主要写主人公尼尔斯是个不爱学习、喜欢捉弄家里小动物的孩子,后来因为戏弄了小狐仙被惩罚,变成一个拇指大的小人,经历了一系列奇妙的探险故事。

问题设计:除了淘气顽皮,你对尼尔斯又有了什么新的认识?

设计说明:学生初读课文后,都能感受到尼尔斯淘气顽皮的特点,让学生重读课文思考上面这个问题,可引导学生从课文中寻找依据表达看法。有的学生从"父母从教堂回来时,发现雄鹅不见了,他们会伤心的"感受到尼尔斯孝顺父母；有的学生结合"男孩想对她们说，过去他对她们不好，现在后悔了"感受到尼尔斯善于反思……在阅读思辨中，让学生感受到人物的立体形象，同时培养了学生多角度思考问题的能力。

匆　匆

主要内容：这篇课文是朱自清写的一篇散文，细腻刻画了作者对时光流逝的惋惜之情，表达了作者珍惜时间、珍爱生命的人生态度。

问题设计：作者描写时间的流逝，可写的事情有很多，为什么要选择洗手、吃饭、睡觉这些生活中的小事？说说你的想法。

设计说明：讨论这个问题，可以让学生在阅读思辨中明白，用这些生活中的小事，更能让读者感受到时光就在我们身边匆匆流逝，更能激起读者的共鸣，从而珍惜时间、珍爱生命。

那个星期天

主要内容：这篇课文主要记叙一个男孩在一个星期天期盼母亲带他出去玩、最终以希望落空而告终的经历，细腻地表现了男孩丰富而敏感的感情世界，以及孩童世界与成人世界存在的鸿沟。

问题设计：在那个星期天，母亲最终没有兑现对"我"的承诺，你觉得这是一个怎样的母亲？说说你的理由。

设计说明：在了解故事主要内容的基础上，让学生讨论这个问题，不少学生会认为这是一位没有说到做到、没有顾及孩子情感、不尊重自己孩子的母亲，但也有部分学生从母亲买菜、洗衣服等一天的忙碌中感受到这是一位辛勤劳苦的母亲……通过阅读思辨，学生从埋怨、责怪母亲到体谅、理解母亲，既培养了换位思考的思维习惯，又发展了学生体谅别人的情感。

真理诞生于一百个问号之后

主要内容:这篇课文通过三个科学发现的具体事例,介绍了科学家是如何敏锐地抓住常见的或不为人注意的现象,不断发问,反复实践探索发现真理的。

问题设计:课文以"真理诞生于一百个问号之后"为题,是不是所有真理都要"诞生于一百个问号之后"呢?

设计说明:理解课文内容后,让学生深入思考这个问题,可引导学生明白,"一百个问号"在文中不是实指,而是形容很多很多的问题,说明真理发现的过程往往很漫长,需要反复实验探索。这样的教学,能让学生从相信书本上的知识走向学会独立思考,培养学生怀疑、求证的科学精神。

他们那时候多有趣啊

主要内容:这是一篇科幻小说,以两个小主人公托米和玛琪关于阅读与学习的对话作为主体,描绘了身处未来的他们的学习场景与感受,表现了作者对未来教育、学习等问题的独特思考。

问题设计:你喜欢现在学校的学习方式,还是课文上写的未来的学习方式? 说说你的理由。

设计说明:在了解课文主要内容的基础上,可以让学生梳理现在学校的学习方式和未来学校的学习方式的相关信息,然后讨论上述问题,引导学生在辨析中明白不同的学习方式的利与弊,珍惜现在学校的学习生活,畅想未来的学习生活,同时感受课文中大胆的想象,了解科学技术的飞速发展,学会辩证地思考问题。

[1] 中华人民共和国教育部.义务教育语文课程标准(2011年版)[S].北京:北京师范大学出版社,2012.

[2] 中华人民共和国教育部.普通高中语文课程标准(2017年版)[S].北京:人民教育出版社,2018.

[3] 中华人民共和国教育部.义务教育语文课程标准(2022年版)[S].北京:北京师范大学出版社,2022.

[4] [美]约翰·杜威.我们如何思维[M].马明辉,译.上海:华东师范大学出版社,2020.

[5] [美]理查德·保罗,琳达·埃尔德.批判性思维工具[M].侯玉波,等,译.北京:机械工业出版社,2020.

[6] [美]尼尔·布朗,斯图尔特·基利.学会提问[M].许蔚翰,等,译.北京:机械工业出版社,2021.

[7] 陈先云.语文教育问题与改革[M].天津:天津教育出版社,2020.

[8] 荣维东.语文教学原理与策略[M].重庆:西南师范大学出版社,2014.

[9] [美]约翰·斯宾塞,等.如何用设计思维创意教学:风靡全球的创造力培养方法[M].王颙,等,译.北京:中国青年出版社,2018.

[10] [美]卡罗尔·德韦克.终身成长:重新定义成功的思维模式[M].楚祎楠,译.南昌:江西人民出版社,2017.

[11] [美]戴维·梅里尔.首要教学原理[M].盛群力,等,译.福州:福建教育出版社,2016.

[12] [美]玛丽·凯·里琪.可见的学习与思维教学[M].林文静,译.北京:中国青年出版社,2022.

[13] [美]R.布鲁斯·威廉姆斯.高阶思维培养有门道[M].刘静,译.北京:教育科学出版社,2021.

[14]［美］杰伊·麦克泰,哈维·F.西尔维.为深度学习而教:促进学生参与意义建构的思维工具[M].丁旭,译.北京:教育科学出版社,2021.

[15]［日］佐藤学.教师的挑战:宁静的课堂革命[M].钟启泉,等,译.上海:华东师范大学出版社,2012.

[16] 张玮,沈文婕.让孩子像哲学家一样会思考[M].南京:江苏凤凰文艺出版社,2021.

[17]［德］赫尔巴特.普通教育学[M].李其龙,译.北京:人民教育出版社,2015.

[18]［澳］约翰 B.彼格斯,凯文 F.科利斯.学习质量评价:SOLO 分类理论(可观察的学习成果结构)[M].高凌飚,张洪岩,译.北京:人民教育出版社,2010.